A+K Weltenbummler - Philippinen

Wir, A+K Weltenbummler, mit Namen Angela und Klaus, verreisen für unser Leben gern und haben in den letzten 30 Jahren viel gesehen und erlebt, haben Länder und Menschen kennengelernt. Dabei bereisten wir von der Karibik bis zu den Philippinen und vom Nordkap bis nach Kenia unsere schöne Erde. Je nach Erreichbarkeit erlebten wir die besuchten Länder im Rahmen einer Pauschalreise, per Wohnmobil oder individuell organisiert. In unseren Reiseberichten sind unsere Erlebnisse, Abenteuer und Entdeckungen mit vielen Bildern und in kurzweiliger Form niedergeschrieben. Sie können für die eigene Reiseplanung herangezogen werden oder einfach nur in fremde Länder entführen.

Philippinen

Im Norden Mindanao´s
Tauchen und Ausflüge

von
A+K Weltenbummler

Bibliografische Information der Deutschen Nationalbibliothek:
Die Deutsche Nationalbibliothek verzeichnet diese Publikation
in der Deutschen Nationalbibliografie; detaillierte bibliografische
Daten sind im Internet über http://dnb.dnb.de abrufbar.

Herstellung und Verlag:
BoD – Books on Demand, Norderstedt

ISBN: 978-3-7386-1444-2

Schon seit über zehn Jahren erzählte ich, dass wir im Jahr 2000 in die Südsee fahren. Jetzt kam das Jahr 2000 und ich überlegte mir, wohin genau wir fahren könnten. Da fiel mir eine ganz kleine Anzeige in der Tauchen-Zeitung auf, die auf eine kleine deutsche Tauchbasis auf den Philippinen hinwies. Wir riefen also dort an und bekamen Informationsmaterial zugeschickt. Das las sich so fantastisch, dass es eigentlich keine Frage mehr gab, selbst der Preis stimmte.

Nun überlegten wir, ob wir die drei Wochen, denn die sollten es schon sein, nur dort verbringen wollten, oder ob wir noch über eine andere Ecke auf den Philippinen dorthin reisen wollten. Ich wälzte also Kataloge, nahm sogar Yap in Mikronesien und Borneo auf Malaysia in die Planung mit auf. Diese Seitensprünge kosteten allerdings sehr viel Geld. So entschieden wir uns letztendlich, drei Wochen Urlaub auf Mindanao, der südlichsten Insel der Philippinen, zu machen. Eigentlich wollten wir zum Millennium dorthin fahren, doch dafür hätten wir reichlich auf den Reisepreis draufzahlen müssen. Deshalb und auch des Klimas auf den Philippinen wegen, entschieden wir uns, noch drei Monate zu warten und im März zu fahren. Der März und der April sollen ohnehin die schönsten Monate auf den Philippinen sein. Dann hätten wir auch die größte Chance, einen Manta oder einen Walhai, den größten Fisch der Welt, zu treffen.

Schon im vorhergehenden August buchten wir die Tickets und unser Zimmer auf der kleinen Basis, die von zwei deutschen Tauchern betrieben wird. Damit war soweit alles geregelt. Wir konnten die lange Zeit bis zum Urlaub kaum noch erwarten, waren so gespannt wie noch nie und malten uns alles in den schönsten Farben aus. Dazu trug natürlich auch der Prospekt bei, den wir bekommen hatten.

Im Januar holten wir uns noch die notwendigen Impfungen ab. Hepatitis A und B sowie Typhus wurden uns dringend empfohlen. Eine Malariaprophylaxe brauchten wir für die Gegend, in die wir wollten, nicht. Außerdem wurden noch einige andere Impfungen wie Tollwut angeraten, aber das hielten wir nicht für nötig und lagen damit auch richtig. Vor Tetanus, Polio und Diphterie sind wir sowieso geschützt.

Anfang Februar bezahlten wir die Flüge und unser Zimmer auf der Basis, dann hieß es immer noch vier Wochen zu warten, bis es endlich losging.

Um 14 Uhr startete die Maschine, eine Boeing 777 von Cathay Pacific, in Frankfurt. Das Wetter war gar nicht nett.

Zwei Stunden vor dem Start checkten wir ein und durchliefen die Passkontrolle. Es lief alles wie am Schnürchen und schon bald saßen wir im Flugzeug. Es war ein sehr großes Flugzeug mit Dreier-Reihen an den Außenwänden und einer Vierer-Reihe in der Mitte. Die Sitze waren sehr eng, man konnte sich so gut wie nicht bewegen. Da das eine chinesische Fluggesellschaft ist, sind die Sitze wohl auch für Chinesen gemacht.

Nach elf ruhigen Flugstunden landeten wir um 8 Uhr Ortszeit in Hongkong. Hier stellten wir unsere Uhren wegen der Zeitverschiebung sieben Stunden vor. Um das große Gepäck brauchten wir uns nicht zu kümmern, das erhielten wir erst in Cebu, unserem Zielflughafen auf den Philippinen. Wir gingen also nur durch die

Passkontrolle und besorgten erst einmal ein paar Hongkong-Dollar. Dann gaben wir unser kleines Gepäck in der Gepäckaufbewahrung ab und suchten den Schalter, an dem wir die Gutscheine für die Stadtrundfahrt abholen konnten. Die gab es gratis zu den Flugtickets und es war eine gute Gelegenheit, in der Kürze der Zeit, sechs Stunden zwischen Landung und Start, etwas mehr von Hongkong zu sehen.

Als wir alles soweit arrangiert hatten, fuhren wir mit dem Airport-Express, einer Bahn, ins Zentrum von Kowloon. In diesem Stadtteil von Hongkong sollten die Stadtrundfahrten starten. In Kowloon angekommen, stiegen wir aus der Bahn und folgten den Schildern. Auf dem Weg durch die Hallen fanden wir Informationsschalter, die uns mit dem nötigen Material ausstatteten.

Bahnticket und Sticker

Am Hallenausgang, in einer Tiefgarage, fuhren die Busse ab. Wir mussten eine Weile warten, aber dann ging es los. Einem Prospekt entnahmen wir die Abfahrtszeiten an den Stationen und den Ablauf der Stadtrundfahrt, die drei Stationen beinhaltet.

Die erste Station liegt an einer alten chinesischen Tempelanlage und die zweite Station an einem chinesischen Garten. Da uns die Zeit davon lief, beschlossen wir, diese beiden Stationen auszulassen. So etwas sieht man sich sowieso eher in China an.

An der dritten Station, am Fährhafen, stiegen wir dann aus, um uns dort ein wenig umzusehen. Zuerst schlenderten wir am Wasser entlang. Gegenüber blickt man auf die Insel Hongkong, das eigentliche Zentrum mit seinen unzähligen Hochhäusern. Ständig sind Boote auf dem Wasser unterwegs, ein riesiges Kreuzfahrtschiff lag am Kai. Alle Welt trifft sich hier, vor allem Japaner. Unsere Zeit reichte nicht einmal für ein kurzes Übersetzen mit der Fähre, damit ich einmal in solchen Hochhausschluchten spazieren gehen kann. Vielleicht kommen wir irgendwann noch einmal hierher, dann haben wir auf jeden Fall mehr Zeit im Gepäck.

Unser Weg führte uns dann wahllos durch irgendwelche Straßen, in denen man sich teils wie in China und teils wie in Amerika vorkommt. Riesige Reklameschilder mit chinesischer Schrift erschlugen uns fast. Es gibt kleine und große Läden, Kneipen und vor allem Autos. Kowloon ist ein bunter und überquellender Stadtteil.

auf dem Weg nach Kowloon in Hong Kong

Skyline von Hong Kong Island

am Kai von Kowloon

Kowloons Einkaufsstraßen

Klaus suchte in einem der vielen Fotoläden nach einem Weitwinkelobjektiv für seine Unterwasserkamera. Klaus fragte einen der Händler nach dem Preis für ein solches Objektiv und bekam erst den gleichen Preis genannt, den wir in Deutschland bezahlen müssten. Wir wollten schon wieder gehen, als wir zurück gerufen wurden. Der Verkäufer fragte uns, wie viel wir zahlen wollten. Klaus nannte einen Preis. Natürlich fiel der Verkäufer gleich in Ohnmacht und fing an zu jammern, das kennen wir ja schon. Nach einigem Handeln bekamen wir das Objektiv für einen vernünftigen Preis. Jetzt kann Klaus auch größere Sachen unter Wasser fotografieren, was ohne das Objektiv nicht möglich ist, weil die Kamera nur auf eine sehr kurze Entfernung gute Unterwasserfotos macht. Leider hatten wir bis jetzt keine Erfahrungen mit der UW-Kamera sammeln können, da wir sie zu Hause gerade erst gekauft hatten. Das, was wir wussten, hatten wir gelesen.

Während unseres Rundgangs durch die Straßen von Kowloon kamen wir am New-World-Center vorbei, einem exklusiven Kaufhaus. Gerade als wir davor standen, war es 11 Uhr und ein Glockenspiel begann. Dabei öffnen sich in der Fassade fünf Türen, die so eingelassen sind, dass man sonst nichts von einem solchen Spiel ahnt. Heraus kommen Notenbücher mit verschiedenen tierischen Musikanten, ganz toll gemacht.

Glockenspiel einer ganz anderen Art

Nach dreieinhalb Stunden mussten wir wieder zum Flughafen zurück, denn der Anschlussflug nach Cebu startete um 15 Uhr.

beim Start von Hong Kong nach Cebu

Der Flughafen von Hongkong ist sehr übersichtlich und es waren sehr wenige Leute für einen solchen „Umschlagplatz", wie Hongkong es sein soll, unterwegs. Wenn wir einmal doch nicht weiter wussten und eine Frage hatten, begegneten uns die Leute alle sehr freundlich und hilfsbereit. So kamen wir überall ohne Probleme durch, auch touristisch blieben keine Wünsche offen. Alles war auf das Beste organisiert.

Der zweite Flug dauerte zweieinhalb Stunden. Wir flogen genau über die philippinischen Inseln hinweg. Zuerst über die große nördliche Insel Luzon, dann kamen wir in den Bereich des Mayon, des aktivsten Vulkans der Philippinen. Der war gerade vor zwei Wochen wieder ausgebrochen, was so alle fünf bis zehn Jahre geschieht. Der Ausbruch dauerte noch immer an. Der Vulkan bedeckt dabei die Erde der ganzen Umgebung mit einer grauen Ascheschicht, die diesmal jedoch nicht so dick ist, wie es schon oft genug vorkam. Manchmal können die Ascheschichten bis zu drei Meter hoch sein.

Als wir im Begriff waren, in seine Aschewolke zu fliegen, wurden wir aufgefordert, uns wieder anzuschnallen. Plötzlich verdunkelte sich der Himmel und es war rundherum nichts mehr zu sehen. Wir flogen wie durch einen dichten Nebel. Dadurch ergaben sich natürlich einige Turbulenzen, die wir jedoch gut überstanden.

Flug in die Aschewolke des Mayon   Verlassen der Aschewolke

Um 17.30 Uhr Ortszeit landeten wir in Cebu. Von hier aus müssen wir uns eine Fähre nach Cagayan d´Oro auf Mindanao suchen.

Die Passkontrolle dauerte eineinhalb Stunden, obwohl nur etwa zwanzig Leute vor uns standen. Wir hatten ausgerechnet den mit Abstand langsamsten Kontrolleur erwischt. Der vermeintliche Termin unserer Fährabfahrt kam immer näher und es ging und ging nicht voran.

Dann hatten wir es doch noch geschafft. Wir holten unser Gepäck ab, das inzwischen schon viele Runden auf dem Band hinter sich hatte. Am Ausgang der Ankunftshalle hatten wir die Möglichkeit Geld zu tauschen, die wir sogleich nutzten. Die ersten Ausgaben standen unmittelbar bevor, für das Taxi und die Fähre.

Draußen warteten schon die Taxifahrer, die auf die Fluggäste einstürmten. Ich hatte bei der Planung der Reise den Verbindungsmann für die Tauchbasis in Deutschland, Karl-Heinz, den wir übrigens auch treffen werden, nach den Verbindungen und den Preisen gefragt. Unser Taxifahrer war bereit, uns die rund fünfzehn Kilometer zu einem fairen Preis zum Fährhafen zu bringen.

Nach meiner Angabe fuhr um 20 Uhr eine Fähre nach Cagayan, jetzt war es ungefähr halb acht. Wir mussten uns sputen. Tickets konnten wir zur Not auf der Fähre kaufen, da die Büros schon geschlossen hatten.

Als wir am Anleger ankamen, war weit und breit keine Fähre zu sehen. Unser Taxifahrer fragte nach und bekam zur Antwort, dass heute Sonntag sei und keine Fähre fahren würde, na super. So fuhren wir zum Büro der Fährgesellschaft und trafen vor der Tür wohl so etwas wie einen Nachtwächter. Diesen fragten wir nach der Situation. Ja, es wäre eine Fähre laut Fahrplan um 19 Uhr gefahren. Wir fragten, wann die nächste Fähre ablegen würde. Karl-Heinz hatte mir gesagt, dass morgen früh die nächste Fähre abfahren würde. Das entsprach aber nicht der Wahrheit. Die nächste Fähre soll in genau vierundzwanzig Stunden fahren.

Was sollten wir nun tun? Unser Taxifahrer bot an, uns zum Airport zurück zu fahren, vielleicht könnten wir ein Flugzeug bekommen. Das war uns aber zu unsicher, weil er auch sagte, dass er nicht wüsste, ob demnächst ein Flugzeug nach Cagayan abhebt. Eine andere Möglichkeit war, für die Nacht ein Hotel zu suchen. Je nach unserer Entscheidung schlug der Taxifahrer einmal den Weg zum Airport ein, das nächste Mal Richtung Zentrum zum Hotel. Das ging mehrere Male so. Der Taxifahrer hatte eine Engelsgeduld mit uns und versuchte dabei, so gut wie möglich zu helfen.

Am Ende entschieden wir uns doch für das Hotel. Der Taxifahrer setzte uns am Parkhotel im Zentrum ab. Auf dem ganzen Weg vom Airport zum Fährhafen bzw. dem Hotel konnten wir nur mit Mühe die Umgebung erkennen, denn es war inzwischen dunkel geworden. Was wir sahen, versetzte uns jedoch in Schrecken. Auf den Straßen sieht es chaotisch aus, verkehrsmäßig wie auch am Straßenrand, wo eigentlich nur Hütten und zusammengezimmerte Häuser stehen.

Am Hotel angekommen, ging ich hinein und fragte nach einem Zimmer. Wir hatten Glück und bekamen ein Zimmer mit Frühstück, wenn auch nicht ganz billig. Das war eine ganz schöne außer-der-Reihe-Ausgabe, aber was sollten wir machen?

Ich berichtete Klaus und dem Taxifahrer von meinem Erfolg und wir luden die Koffer aus. Der Taxifahrer wollte nun aber den doppelten Preis von uns haben. Irgendwo war das schon gerechtfertigt, denn er hatte viel Zeit mit uns verloren. Wir bedankten uns bei ihm und verabschiedeten uns.

Bevor wir unser Zimmer bezogen, erledigten wir die Formalitäten, dann brachten die Boys uns und unsere Koffer nach oben. Von nun an hieß es, für jeden solchen Dienst ein Trinkgeld springen zu lassen.

Körperlich und nervlich fix und fertig, erfrischten wir uns erst einmal. Klaus fragte mich anschließend, ob wir wie immer eine Runde um den Block machen wollen, aber ich lehnte dankend ab. So, wie es aussah, gibt es eh nicht viel zu sehen. Todmüde fielen wir ins Bett, nach eineinhalb Tagen Reise.

Gegen 8 Uhr waren wir wieder auf den Beinen, packten unsere Sachen und gingen frühstücken. Es gab löslichen Nescafé, Saft und ein Buffet, an dem wir uns bedienen konnten. Auf Wunsch bekam man auch ein Spiegelei gebraten.

Während wir so frühstückten, beobachteten wir auf der Straße das Treiben. Viele Autos fuhren vorbei, vor allem viele bunte Jeeps, Jeepney genannt. Solche bunten Autos kennen wir aus dem Fernsehen, wenn es um Reiseberichte aus Pakistan geht, nur dass sie dort LKW-Größe haben. Auf den Philippinen sind es umgebaute Jeeps, etwas länger als gewöhnlich, aber genauso bunt wie die LKWs in Pakistan. Es macht Spaß, ihnen zuzusehen.

Vor dem Hoteleingang verkaufte ein Mann Landkarten von den philippinischen Inseln. Ich hatte schon eine vom Touristenbüro zu Hause, brauchte daher keine mehr. Der Mann sah mehrere Male zu uns herein, vielleicht würden wir eine kaufen. Wir sahen jedoch weg, ein Zeichen, dass wir nicht interessiert waren. Doch sobald wir wieder nach draußen sahen, war auch er wieder da und fuchtelte mit seinen Karten vor dem Fenster herum.

Nach dem Frühstück bezahlten wir unser Zimmer und checkten aus. Da wir erst am Abend zur Fähre fahren würden, fragten wir, ob wir unser Gepäck in der Halle stehen lassen können. Das war kein Problem.

An der Rezeption erkundigten wir uns nach einer Fährverbindung und wo wir Tickets kaufen könnten. Man zeigte uns den Fahrplan von Trans-Asia und beschrieb, wo diese Gesellschaft ihr Büro hat. Die bessere Alternative wäre aber, doch lieber in das SM-Center zu gehen. Das Büro von Trans-Asia wäre zu schwer zu finden, oder so etwas.

Am Abend unserer Ankunft hatte ich Jürgen und Rainer, den beiden Betreibern der Tauchbasis auf Mindanao, per Fax mitgeteilt, dass wir einen Tag später kommen würden, damit sie nicht unnötig an der Fähre auf uns warten. Leider hatte ich keine Telefonnummer von den zweien, so dass ich nicht wusste, ob sie die Nachricht überhaupt bekommen würden. Vielleicht hätten sie uns in unserer Situation auch etwas Hilfestellung geben können, denn ich hatte große Schwierigkeiten, mich mit meinen paar Brocken Englisch durchzukämpfen.

Park Place Hotel in Cebu

Na gut, wir hatten ja den ganzen Tag Zeit. Deshalb besorgten wir uns ein Taxi und ließen uns zu dem SM-Center fahren. Das ist ein riesiges Gebäude und es stellte sich heraus, dass es eigentlich ein großes Kaufhaus, eine Mall, ist. Was sollten wir denn hier? Wir gingen hinein. In der Mitte befindet sich ein großer Freiraum, um den herum sich auf mehreren Etagen die Geschäfte gruppieren. Vor den Supermärkten befinden sich Gepäckaufbewahrungsstände, vor denen Polizisten patrouillieren. So einen fragte ich nach dem Büro von Trans-Asia, das angeblich hier sein soll. Er zeigte in eine Richtung, wir standen schon kurz davor.

In der kleinen Buchte saßen zwei Leute. Ich sagte, dass wir zwei Tickets für die Fähre heute Abend nach Cagayan d´Oro haben wollen. Sie schüttelten nur die Köpfe und meinten: tomorrow, heute nicht mehr. Klaus und ich sahen uns geschockt an. Sollten wir etwa noch einen Tag hier in Cebu verbringen? Das kann doch nicht sein. Derweil geht unser ganzer Urlaub flöten. Es half nichts, über diese Gesellschaft war jedenfalls keine Fähre für diesen Abend zu bekommen.

Auf meine Frage nach einer anderen Möglichkeit, zeigte einer der beiden nach gegenüber. Ich verfolgte die Richtung seines Fingers und fand auf der anderen Seite des Ganges ein weiteres Fährbüro, welches wir jetzt aufsuchten. Vor uns standen allerdings noch Leute, das kleine Büro war voll. Als wir an der Reihe waren, fragte ich noch einmal nach Tickets nach Cagayan. Hier hatten wir Glück, aber leider gab es keine Kabinenplätze mehr, die waren ausgebucht. Wir konnten nur noch Touristenklasse bekommen, was uns vollkommen egal war. Die Hauptsache war, dass wir hier weg kommen. Wir bekamen unsere Tickets und erfuhren den Namen der Fähre: „Our Lady Fatima". Die Fahrzeit würde zwölf Stunden betragen.

So, jetzt hatten wir das auch erledigt. Da wir schon einmal hier waren, beschlossen wir nun, einen Bummel durch das Riesen-Kaufhaus zu machen. Da ist man einige Zeit unterwegs. Es gibt alles zu kaufen, was das Herz begehrt: Bekleidung, Schuhe, Stoffe, Sportartikel bis hin zur Antiquitätenecke. In fast allen Läden stehen schwer bewaffnete Wachen am Ausgang.

In eines der Sportgeschäfte schauten wir hinein, da es sogar Schnorchelzubehör anbietet. Ich war auf der Suche nach einer farblosen Maske. Tatsächlich fand ich genauso eine, nicht viel billiger als in Deutschland, aber dafür war eine Box dabei. Die Maske passte wie angegossen und nach einigem Überlegen kauften wir sie.

Nachdem wir den Bummel durch dieses Kaufhaus beendet hatten, stellten wir uns wieder die Frage: Was nun? Wir hatten vom Hotel einen Stadtplan mitbekommen und beschlossen, den Weg vom SM-Center zurück zum Hotel zu Fuß zurückzulegen. Das war eine Gelegenheit, uns ein etwas intensiveres Bild von Cebu zu verschaffen. Es wurde ein sehr interessanter Spaziergang. Vor allem versetzten uns die flinken Jeepney´s immer wieder in Erstaunen. Irgendwie scheinen sie wild hin und her zu fahren, hier und da anzuhalten, um Leute ein- und aussteigen zu lassen. Auf der anderen Seite hatten wir aber das Gefühl, dass sie doch irgendwie auf Linien unterwegs sind. Manche dieser Jeepney´s sehen liebevoll herausgeputzt aus, andere machen wieder einen etwas vernachlässigten Eindruck.

Der Gestank auf den Straßen durch die Abgase ist kaum zu ertragen. Da lobten wir direkt die deutschen Abgasverordnungen, die immer wieder beschimpft werden. Ich war jetzt jedenfalls froh, dass wir sie haben.

Ansichten von Cebu-City

wohin man sieht, überall bunte Jeepney´s

Auf unserem Bummel, der wegen der Hitze und Abgase nicht unbedingt ein reines Vergnügen war, kamen wir an Hütten und Häusern vorbei, die verraten, dass wir hier nicht gerade in einem reichen Land sind. Dieser Verdacht sollte sich wenig später sehr schnell bestätigen. Vor allem, wenn wir an den Autowerkstätten vorbei kamen, liefen uns Schauer über den Rücken. Da kommt kein Teil um, nicht das kleinste. Mit den primitivsten und heruntergekommensten Werkzeugen möbeln die Leute alles wieder auf, so gut es geht. Die Imbissstände sehen nicht anders aus, so dass uns jedes Gelüst nach Essen abhandenkam.

Am Hotel angekommen, hatten wir immer noch viel Zeit, bis wir uns auf den Weg zur Fähre machen konnten. Deshalb spazierten wir jetzt ein paar Schritte in die andere Richtung. Hier ist es etwas ruhiger und die Abgase sind nicht so extrem, dafür werden die Hütten immer enger und kleiner. Es ist ein reines Wohnviertel.

Irgendwann erreichten wir eine Kreuzung. Dort setzten wir uns in eine Imbissstube, um etwas zu trinken. Wir hatten mächtigen Durst bekommen. Gegenüber steht ein riesiges Gebäude, das ständig von vielen Leuten frequentiert wird. Anhand meiner Karte stellte ich fest, dass dieses Gebäude das Gouvernement, das Regierungsgebäude ist, mit viel Grün drum herum.

Noch immer hatten wir Zeit bis zur Abfahrt und ich sah wieder auf meinen Stadtplan, auf dem auch einige Sehenswürdigkeiten von Cebu aufgelistet sind. Wir mussten uns für eine entscheiden und stellten uns entweder den taoistischen Tempel oder das Fort San Pedro zur Auswahl. Klaus war für das Fort. Also lösten wir uns endlich von unseren Stühlen, die Füße waren einigermaßen ausgeruht, und hielten das nächste Taxi an, das kam.

Am Fort angekommen, kamen auch schon die Souvenirverkäufer angestürzt. Für einen geringen Eintrittspreis besichtigten wir das kleinste und älteste Fort auf den Philippinen.

Als wir das Fort betraten, kam einer der Angestellten in Uniform auf uns zu, drängte uns seine Begleitung auf und erzählte einiges zu diesem Fort. Einen Teil davon hatte ich schon dem Stadtplan entnommen. Dazu erzählte und zeigte er uns, dass dieses Fort vollständig aus Korallenstein gebaut worden war. Tatsächlich erkennt man überall die Korallen- und Muscheleinschlüsse in den Steinen. Er nannte uns die Namen verschiedener Pflanzen und Bäume auf dem Gelände, den Rest verstand ich nicht. So schlenderten wir gemütlich auf zwei Etagen durch die Anlage.

im Fort San Pedro

Zum Schluss konzentrierten wir uns auf die vielen exotischen Pflanzen, die hier einfach so wachsen. Zu Hause betreibt man einen Heidenaufwand, um sie zu erhalten. Das wurde wohl unserem Begleiter zu langweilig, er verzog sich.

Das Fort liegt direkt am Hafen und wir schlenderten nun am Kai entlang, wo es ziemlich wüst aussieht. Viele Leute lassen sich mit Fahrradrikschas hin- und herfahren. Mehrere Schiffe werden be- und entladen. Die Frachten bestehen vor allem aus Bananen, Getreide und Schweinen.

Nach einer ganzen Weile kamen wir zu dem Bereich, in dem die Fähren abfahren. Wir wollten gleich unsere Fähre suchen, damit wir später auf direktem Wege dorthin fahren können. An jedem Fähranleger ist ein Schild angebracht, auf dem Ziel und Abfahrtszeit aufgeführt sind. Unsere Fähre war die letzte in der Reihe. Die Uhr zeigte zwar gerade um die 16 Uhr, doch wir sahen, dass die Leute schon an Bord gingen. So fuhren wir zum Hotel zurück, um unsere Sachen zu holen. Gegen halb sechs waren wir wieder zurück und gingen ebenfalls an Bord. Nachdem wir die Tickets vorgezeigt hatten, wurden wir zu unseren Betten geleitet. Die standen in einem großen Raum, in dem so an die einhundertfünfundsechzig Doppelstockbetten untergebracht sind. Damit hatten wir es noch gut getroffen. Noch eine Klasse unter unserer Touristenklasse schlafen die Leute auf dem freien Deck auf Pritschen, das Gepäck überall dazwischen verstreut. Das hat kaum noch etwas mit menschenwürdigem Reisen zu tun.

Unser Bettenraum verfügte über eine Klimaanlage und zwei Fernsehgeräte sowie einen Waschraum. Unsere Koffer verstauten wir auf den Betten, daneben legten wir uns. Irgendwie mussten wir unser Gepäck im Auge behalten. Der große Tauchrucksack, er wog übrigens ganze fünfundvierzig Kilo, blieb im Gang stehen. Für den hatten wir woanders keinen Platz.

philippinische Fähre

Bettenraum

Sonnenuntergang über Cebu

Bis zur Abfahrt kamen immer wieder die Straßenhändler an Bord und verkauften Reis, Apfelsinen oder Sonnenbrillen.

Zwanzig Minuten nach 20 Uhr, also mit Verspätung, ging es endlich los. Klaus ging dann noch manchmal hinaus, um sich das Ablegemanöver, die Ausfahrt aus dem Hafen und den Sonnenuntergang anzusehen. Ich hütete das Bett, um auf das Gepäck aufzupassen.

Um 7.30 Uhr, also mit eineinhalb Stunden Verspätung, kamen wir in Cagayan d´Oro an. Während wir anlegten, kamen ein paar Auslegerboote und Schwimmer auf die Fähre zu, um die Ankömmlinge wie in alten Zeiten zu begrüßen. Wir hatten Mühe, zwischen all den Leuten, mit unserem schweren Gepäck die Fähre zu verlassen. Es wäre wohl besser gewesen, wir hätten gewartet, bis die meisten Leute die Fähre verlassen haben. Dann kam ein Philippino auf uns zu. Er wollte unseren Tauchrucksack an Land bringen. Als er ihn anhob, brach er fast zusammen und guckte uns mit großen Augen an. Dann holte er sich Hilfe und sie wuchteten den Rucksack zusammen von der Fähre.

der Hafen von Cagayan d´Oro in Sicht   einheimische Begrüßung

Ich war froh, dass wir wieder festen Boden unter den Füßen hatten. Nachdem Klaus vor dem Ablegen von der Art der Verladung der Fracht erzählt hatte, hatte ich nur gehofft, dass uns nicht irgendwo ein starker Wind überrascht. Sowohl LKWs als auch sonstige Container und Paletten, alles landete im Bauch der Fähre, aber nichts wurde festgezurrt. Es ist kein Wunder, dass so manche Fähre bei schlechtem Wetter in den Fluten versinkt. Erst kurz vor unserem Urlaub war wieder eine solche Fähre untergegangen.

Nun standen wir hier in Cagayan und warteten darauf, dass uns jemand abholt, aber niemand ließ sich blicken. Die Kofferträger umschwärmten uns ständig.

Dann sah sich Klaus in der Nähe um. Nach einer Weile kam er wieder zurück, mit einem Deutschen an seiner Seite. Es war Jürgen, der uns abholte. Wir begrüßten uns, gaben einem der wartenden Kofferträger Arbeit und machten uns auf den Weg zum Auto, das auf dem Parkplatz stand. Die Hafengebiete sind mit Privatfahrzeugen nicht zu befahren, das ist verboten. Nur Taxen dürfen gegen eine Gebühr, die dem Kunden auferlegt wird, bis zu den Anlegern fahren.

Jürgen fuhr einen Mazda-Pickup. Wir verluden unser Gepäck auf der Ladefläche und los ging es. Als erstes erzählte er gleich, dass er Schäferhunde züchtet. Mit Hilfe eines Zettels an seiner Autoscheibe verkaufte er seine Hunde. Von ihm erfuhren wir auch, dass jetzt eine fünfundsiebzig Kilometer lange Strecke vor uns lag.

Oh je, der erste Eindruck, den wir bekamen, war: chaotisch und kein bisschen paradiesisch. Die Hütten am Straßenrand wurden immer ärmlicher, jeder fuhr nur für sich selbst, gebremst wurde wenig. Verkehrsschilder oder Sperrlinien interessieren niemanden.

Nach einer etwa einstündigen Fahrt bogen wir auf einen Weg ab, der zu einer Hütte führt. Überall befinden sich Grundstücke mit Hütten zwischen Reisfeldern, Bananen und Kokospalmen. Klaus und ich sahen uns an und fragten: Auf was haben wir uns hier bloß eingelassen?

Jürgen fuhr auf sein Grundstück und wir stiegen aus. Wir nahmen unsere Sachen und wurden in die Gästehütte geleitet, die nebenan steht. Es ist tatsächlich eine große Hütte, ganz aus Bambus gebaut, nur die Grundmauern bestehen aus Beton. Die Hütte hat zwei Etagen. In der oberen Etage befinden sich die Zimmer, drei Stück. Eines davon besitzt ein eigenes Bad, die anderen beiden Zimmer teilten sich ein anderes Bad.

Die Zimmer sind nicht groß. Sie bieten nur Platz für ein Doppelbett und zwei Bambusschränkchen.

Wir waren endlich angekommen, hatten endlich die strapaziöse Reise hinter uns. Zuerst einmal stiegen wir unter die Dusche, dann begann endlich unser Urlaub.

Gästehütte

Doppelzimmer

Nachbar links

Nachbar rechts

zum Strand

Terrasse am Strand

Es gab gleich Frühstück, doch vorher schlossen wir Bekanntschaft mit dem Strand direkt vor der Hütte, der zu unserer großen Überraschung schwarz ist. Daran mussten wir uns erst einmal gewöhnen, weil wir immer den Eindruck hatten, dass wir durch Schlamm waten würden. Dieser schwarze Sand ist jedoch genauso sauber, wie der gewohnte weiße Sand. Trotzdem brauchten wir ein paar Tage, das zu akzeptieren. Brownie, der Hund der Basis, begrüßte uns auch gleich.

Zum Frühstück erfuhren wir, dass Rainer sich mit den derzeitigen Gästen auf einer Insel namens Mantigue (sprich: Mantiki) aufhält. Leider hatten wir mit dem Tag Verspätung die Pläne der beiden durcheinander gebracht. Jürgen meinte nun, er wolle uns zu einem Hafen fahren, von wo aus uns eine Fähre nach Camiguin, einer vorgelagerten Vulkaninsel bringt. Von dort soll uns das Boot der Tauchbasis abholen und nach Mantigue übersetzen.

Gesagt, getan. Bevor wir hier zwei Tage nutzlos auf der Basis verbringen, können wir versuchen, auf diese Weise zu den anderen zu stoßen.

Wir fuhren also mit Jürgen, nachdem wir die nötigsten Sachen zusammengepackt hatten, ein paar Dörfer weiter nach Talisayan. Außerdem hatten wir Kathrin, Rainers philippinische Frau, mit dabei. Sie sollte uns helfen, eine Fähre zu organisieren und telefonisch Verbindung mit den anderen Gästen aufzunehmen, damit diese uns abholen kommen, aber es kam alles anders. Schon auf der Fahrt zum Hafen ist Jürgen die leere Straße aufgefallen. Das bedeutete wohl Streik. Wie sich herausstellte, hatte er damit Recht. Die Spritpreise sind mal wieder erhöht worden und jetzt streiken die Jeepney-Fahrer. Sie sind das Hauptverkehrsmittel, ohne sie geht gar nichts mehr. Das hieß für uns, keine Gäste für die Fähre, also auch keine Fähre. Wir waren festgenagelt. Kathrin bekam auch keine telefonische Verbindung, entweder war besetzt oder das Amt hatte zur Mittagspause geschlossen. So blieb uns nichts weiter übrig, als wieder zur Basis zurück zu kehren.

Wozu sollten wir Trübsal blasen, wir konnten auch hier noch einiges erleben. Zum Beispiel bot sich zu aller erst einmal ein Bad im Meer an. Nach dem Mittagessen, das aus mehreren leckeren Gängen bestand, schlüpften wir in unsere Badesachen, schnappten unsere Schnorchelausrüstung und paddelten einfach drauf los.

Nicht weit draußen befindet sich ein verankerter Reifen. Der dient, wie wir bald erfuhren, zum festmachen des Tauchbootes. Genau an dieser Stelle beginnt eine Korallenlandschaft, die sich einige Meter nach draußen erstreckt. Was wir entdeckten, war der helle Wahnsinn. Unmengen von bunten Fischen, Korallen, Anemonen, Seeigel und vor allem knallblaue Seesterne. Während wir so darüber schwabbelten, merkten wir, dass das Wasser unter uns irgendwie immer weniger wurde. Wir berührten schon bald mit dem Bauch die Korallen und mussten umkehren. Die Ebbe hatte eingesetzt und schritt ziemlich schnell voran. Dann liefen wir eben einfach nur noch ein bisschen am Strand entlang. Es war herrlich warm, nach dem kalten Wetter zu Hause eine echte Wohltat.

Am Strand herrschte reges tierisches Treiben. Massen von Einsiedlerkrebsen und Krabben wanderten über den trocken gefallenen Sand.

Bis zum Abendessen ruhten wir uns aus. Für den nächsten Tag nahmen wir uns einen Spaziergang in die nähere Umgebung vor.

Der Sonnenuntergang war fantastisch. Licht- und Farbenspiele breiteten sich dabei über den ganzen Himmel aus. Auf der rechten Seite konnten wir Camiguin erkennen. Auf dieser Insel befindet sich ein aktiver Vulkan, über den ich gelesen hatte. Er ist wegen seiner explosionsartigen Gasausbrüche, die schon viele Menschenleben gefordert haben, bekannt. Die Basis kann es wohl arrangieren, dass man diesen Berg mit Hilfe eines Guides besteigen kann. Vielleicht bekam ich als Vulkanfan diese Gelegenheit, das wäre schön!

Kurz nach der Dämmerung kam das Tauchboot herüber. Es wollte uns am nächsten Morgen mit auf die Insel Mantigue nehmen, was eine schöne Überraschung für uns war. Die anderen Tauchgäste verlängerten ihren Aufenthalt dort noch um einen Tag.

Wenn es dunkel wird, kommen die Geckos aus ihren Verstecken und gehen auf Insektenjagd. Sie sitzen dann überall in der Hütte. Ich sah sie mir genauer an und konnte drei verschiedene Arten entdecken. Die eine Art war länger als fünfzehn Zentimeter. Solche großen Geckos hatten wir bisher noch nie gesehen. Jürgen fragte, ob wir schon einmal ihren Ge-ko-Ruf gehört hatten. Wir verneinten, brauchten aber nicht lange darauf zu warten. Irgendwann kam aus einer Ecke: Ge-ko, Ge-ko. Wir freuten uns darüber sehr.

Tokeh (großer Gecko)

19

Gleich nach dem Abendbrot, das immer erst gegen 20 Uhr auf dem Tisch stand, gingen wir ins Bett, denn wir mussten am nächsten Morgen schon um halb fünf aufstehen, damit wir noch vor dem ersten Tauchgang auf Mantigue waren.

Wie gesagt, standen wir an diesem Tag früh auf. Wir bekamen sogar noch Frühstück. Die beiden philippinischen Jungs Dani und Lituy, die für das Boot zuständig sind, brachten unser Gepäck für den nächsten Tag auf das Boot, dann starteten wir. Kathrin begleitete uns. Auf der Fahrt kamen wir Camiguin immer näher, dann umfuhr das Boot die Insel zur Hälfte. Jetzt tauchte vor uns eine weiße, palmenbestandene Koralleninsel auf. Wir waren baff, wie man so schön sagt. Solch eine Ansicht hatten wir nicht erwartet.
Auf dieser Überfahrt konnten wir sogar zwei Delfine und einen kleinen Manta aus dem Wasser springen sehen. Fliegende Fische kreuzten häufiger unseren Weg.

in der Dämmerung taucht Camiguin auf

Vulkan Hibok-Hibok   Plakatwerbung für die Paradiesinsel

Das Boot legte etwas vom Strand weg an. Das Wasser ist glasklar, so dass wir die kleinen bunten Fische unten spielen sehen konnten. Mantigue ist eine richtige Robinson-Insel, so hatten wir uns eigentlich die ganze Gegend vorgestellt.

Ankunft auf Mantigue

Da kamen auch gleich zwei der Gäste, um uns zu begrüßen. Vor allem warteten sie schon darauf, tauchen zu können. Klaus und Diether sind schon zum vierten Mal auf dieser Tauchbasis zu Gast. Rainer erwartete uns in der Hütte. Wir begrüßten uns und zeigten ihm unsere Logbücher. Damit waren auch diese Formalitäten erledigt und das Tauchen konnte beginnen.

Als erstes gab es noch einmal Frühstück, doch dann ging es gleich los. Es blieb nicht viel Zeit, uns zu sammeln. Schon ging es ab an Bord des vor Anker liegenden Auslegerbootes, in die Tauchklamotten geschlüpft und gleich von dort ins Wasser gesprungen. Direkt hinter dem Boot befindet sich eine Steilwand, die bis in dreißig Meter Tiefe reicht. Diese Steilwand ist eines der Haus-Tauchgebiete von Jürgen und Rainer. Klaus und ich mussten uns erst einmal wieder an die Taucherei gewöhnen. Wir machten nur einen Check-Tauchgang bis in zehn Meter, wo das Wasser immer noch glasklar ist. Wir kamen uns als Teil eines Aquariums vor. Korallen soweit das Auge reicht und dazwischen Unmengen von kleinen Fischen, die in den allerschönsten Farben leuchten, dazu Federsterne in mehreren Farben und verschiedene Seesterne. Wir waren restlos begeistert.

Nach einer Stunde ging unsere Luft zu Ende und wir tauchten auf. Technisch war alles okay, das Tauchen hatten wir auch noch nicht verlernt. Das nächste Mal konnten wir uns also voll ins Vergnügen stürzen. Leider machte ich gleich zu Anfang unseres Urlaubs eine unliebsame Bekanntschaft mit einer portugiesischen Galeere. Das ist kein Schiff aus alten Zeiten, sondern eine gefährliche Qualle mit giftigen Nesselzellen, die mit der Strömung an der Wasseroberfläche treibt und deren mehrere Meter lange Tentakeln im Wasser hängen. Zum Glück erwischte sie mich nur mit dem allerletzten Ende eines ihrer Tentakel, doch das reichte mir schon. Auf meine Frage nach gefährlichen Quallen hatte ich zur Antwort bekommen, dass es hier keine gäbe.

Die Oberflächenpause verbrachten wir in einer Hütte, die uns die Einheimischen zur Verfügung gestellt haben. Diese nutzten wir, solange wir uns auf Mantigue oder deren Umgebung aufhielten. Diesmal standen uns sogar zwei Hütten zur Verfügung, denn mit nunmehr sechs Gästen ist die maximale Gästezahl der Tauchbasis erreicht.

Zusammen mit Rainer, Dani, Lituy und Kathrin zählten wir zu viele Personen für eine der kleinen Hütten.

Die Haupthütte besitzt zwei Kabinen, in denen jeweils zwei Mann schlafen können. Die Klamotten liegen in einer Ecke auf dem Boden, so wie die Matratzen, die aus der Hütte in Balingasag, so heißt der Ort, in dem wir auf Mindanao untergebracht sind, mitgebracht wurden. Im Vorraum stehen der Gaskocher und die Essecke, mehr Luxus gibt es nicht.

Ein paar Meter weiter steht das gewisse Häuschen, windschief und nicht sehr vertrauenerweckend, zur Gemeinschaftsbenutzung für einen Teil des Dorfes, das aus ungefähr einhundertfünfzig Leuten besteht. Es gibt ein paar dieser Häuschen im Dorf verstreut.

chillen auf der Paradiesinsel

Küchenarbeiten

Schlafkabine

das gewisse Örtchen

Nach dem Mittagessen starteten wir zum zweiten Tauchgang. Das Boot fuhr dafür nur ein paar Meter um die Insel herum und ankerte in einem ziemlich flachen Gebiet, in dem auch noch ein Fischernetz ausgelegt war. Rainer beschrieb, welchen Weg wir beim Tauchen nehmen sollten. Es war auch ein bisschen Strömung vorhanden. Ich hatte es verstanden: erst vom Netz und der Insel weg gegen die Strömung und dann langsam zurück und an der Insel entlang um das Netz herum.

Wir machten uns also fertig und sprangen ins Wasser. Nachdem wir das OK-Zeichen gegeben haben, tauchten wir ab und Klaus schlug gleich, entgegen der Absprache, den Weg zum Netz ein. Damit waren wir die ganze Zeit auf zwei Meter Wassertiefe gefangen, während uns die Strömung langsam am Boden entlang trieb. Es waren kaum Fische zu sehen, nur Seegras mit dem einen oder anderen Seestern darin. An einem einzeln stehenden Korallenblock entdeckte Klaus etwas, was wie ein überdimensionaler Seestern aussah. Sicher war es auch einer, aber er sah aus, als hätte ihn jemand aus Stein gemeißelt und ihn in dieses Versteck gesetzt. Der sah vollkommen unnatürlich aus und hatte bestimmt einen Durchmesser von fast einem halben Meter, mit furchtbar dicken Armen.

Gefrustet über diesen misslungenen Tauchgang stiegen wir wieder aufs Boot und fuhren zurück. Die anderen Taucher hatten dagegen tolle Entdeckungen gemacht.

Am Nachmittag starteten Klaus und ich zu einem Inselrundgang. Es war sehr warm, die Sonne scheint hier in der Nähe des Äquators erbarmungslos. Nur die Luft vom Meer bringt eine winzige Abkühlung. Das Blau des Wassers ist Wahnsinn, auch das Weiß des Strandes, obwohl es sich nicht gut barfuß gehen lässt. Überall liegen Reste von Korallenstöcken herum, die in die Füße drücken.

echtes Klischee-Foto

Aussicht von der Hütte

kein Floß, sondern ein Seezeichen

23

Mantigue ist eine echte Paradiesinsel. Die dem Dorf gegenüberliegende Seite der Insel ist unbewohnt und von einem kleinen, satt grünen Urwald bedeckt. Dieses Ende der Insel liegt auch direkt der Vulkaninsel Camiguin gegenüber, die genauso schwarz wie Mindanao ist. Das sieht schon komisch aus. Irgendwie hat man den Eindruck, als wäre Mantigue am falschen Platz. Mantigue ist übrigens der spanische Name der Insel. Die Philippinos nennen sie Magsaysay.

Dani und Kathrin bereiteten das Abendbrot für uns zu. Zum Mittag und zum Abendbrot gab es immer Reis, manchmal Nudeln, einen großen oder mehrere kleine Fische, Fleisch-Gemüse-Pfanne, Salat und Obst. Manchmal bekamen wir auch einen Salat aus rohem Fisch und Zwiebeln nach original philippinischem Rezept. Klaus hat es gut geschmeckt, doch ich konnte mich an den Gedanken des rohen Fisches nicht so recht gewöhnen.

Den Rest des Abends saßen wir vor der Hütte und erzählten über Gott und die Welt, vor allem aber über die Taucherei.

Die Abendtoilette absolvierten wir im Meer bzw. hinter unserer Hütte, was für uns mehr als gewöhnungsbedürftig war. Intimsphäre, Fehlanzeige. Für größere Geschäfte ist das Häuschen da, mit Kloschüssel und Wassereimer zum Nachspülen, mit Wasser, das aus dem Meer geholt werden muss. Trinkwasser gibt es auf Mantigue nicht, das muss von Camiguin herüber gebracht werden und ist nur zum Kochen und Trinken gedacht.

An Land erfreuten uns abends die Glühwürmchen mit ihren zarten Lichtern. Wenn wir im Dunkeln zum Waschen oder Zähneputzen ins Wasser gingen, leuchtete überall das Plankton auf.

Auf Mantigue gibt es genauso wenig elektrisches Licht. Öllampen in Form von Molotowcocktails, also Lappen in erdölgefüllte Flaschen gesteckt und angezündet, sowie Gaslampen verhalfen uns und den Dorfbewohnern zu Licht.

Schon seit einer Woche fand hinter dem Dorf eine Beerdigung statt. Die Stelle war mit Fackeln hell erleuchtet und es drang fröhliche Musik zu uns herüber. Rainer erzählte uns, dass die Totenfeiern hier bis zu einer Woche dauern, damit auch die letzten Verwandten und Bekannten die Möglichkeit haben, ihren Weg zur Beerdigung zu finden. Der Tote selbst wird solange einbalsamiert und aufgebahrt. Wenn die Feier dann zu Ende ist, wird der Tote nach Camiguin auf den Friedhof gebracht. Auf Mindanao und seinen Inseln werden keine Feuerbestattungen durchgeführt, da die meisten Einwohner Moslems sind.

Am frühen Morgen, gegen 6 Uhr, starteten die anderen zu einem Tauchgang. Mir war das absolut zu früh.

Schon um 5 Uhr begann im Dorf ein Konzert der besonderen Art. Die anderen Gäste hatten uns diesbezüglich vorgewarnt. Täglich um die gleiche Zeit beginnt ein Hahnenkonzert. Dieses Kikeriki hält über eine Stunde lang an, bis sich die Biester wieder beruhigen. An Schlaf ist dann nicht mehr zu denken.

Auf den Philippinen tummeln sich fünfmal mehr Hähne wie Hühner. Der Hahnenkampf ist hier ein sehr beliebter Sport. Ich konnte beobachten, wie die Jungen und Männer sich liebevoll um ihre Hähne kümmern und sich mit ihnen immer wieder anstacheln. Da könnte so manche Frau neidisch werden. An den Sonntagen fahren sie dann allesamt in die Hahnenkampfarenen, um die Hähne gegeneinander antreten zu lassen. Der Verlierer findet sich wohl im Suppentopf wieder. Eigentlich sind die Hahnenkämpfe auf den Philippinen offiziell verboten, aber anscheinend kümmert das niemanden.

An diesem Morgen kam noch eines hinzu. Das passierte allerdings nicht jeden Morgen. Irgendjemand hatte sich sein Schwein geschnappt und es zum Baden ins Meer geführt. Das Schwein machte ein Spektakel, als müsse es auf die Schlachtbank. Es schrie wie am Spieß. Unsere Erfahrung lehrte uns mit der Zeit, dass alle Schweine wie am Spieß schreien, sobald man sie anfasst. Sie wollen einfach nur in Ruhe gelassen werden und Futter haben.

Sonnenaufgang auf Mantigue

Morgenstimmung

das Leben erwacht

Gegen 7.30 Uhr stand ich dann auf, während die anderen schon vom Tauchen zurück waren und von ihren Entdeckungen erzählten. Ich nahm eine morgendliche Dusche im Meer. Die Luft war schon schön warm, das Wasser mit 27 °C sowieso. Dann gab es

25

Frühstück und anschließend starteten wir mit dem Boot zu einem Riff, namens Boreas-Riff, das eine viertel Stunde Fahrt hinter der Insel liegt.

Das Tauchboot ist ein großes Auslegerboot, welches vor einer Weile für Taucher-Zwecke umgebaut worden war. Anfangs gab es außer dem Führerhäuschen noch keine Aufbauten. Die Taucher saßen mit ihrer Ausrüstung im Rumpf des Bootes. Das Hin- und Herlaufen war wohl schwierig. Deshalb änderte man das bald. Der Rumpf des Bootes wurde geschlossen, wodurch zusätzlich Stauraum entstand. Auf dem nun vorhandenen Deck kann man sich gut bewegen, außerdem gibt es zwei Bänke, auf denen es sich bequem sitzen lässt.

die "Flying A", ein Auslegerboot

Fahrt zum Boreas-Riff

Um die Tauchklamotten brauchten wir uns, wie schon angedeutet, nicht zu kümmern. Die blieben die ganze Zeit auf dem Boot. Selbst das Flaschen wechseln, das Auseinander- und Zusammenbauen der Ausrüstung, alles übernahmen die beiden Jungs Dani und Lituy. Uns war das ganz recht, obwohl wir doch die eine oder andere Kontrolle vornahmen. Es geht ja schließlich um unsere Sicherheit. Im Großen und Ganzen konnten wir uns aber auf die beiden verlassen, die zudem auch noch sehr aufmerksam sind.

Wir ankerten am Riff, was jedes Mal ein Schauspiel war. Dani stellte sich dazu auf die Spitze des Bugs und schaute, mit dem Anker in der Hand, ins Wasser. Er hielt dabei immer Ausschau nach irgendwelchen Besonderheiten am Meeresgrund, wie bestimmte Korallenformationen oder Felsen. Wenn er den Punkt, den er suchte, gefunden hatte, ließ er den Anker fallen. Das trägt dazu bei, nicht immer wieder neue Stellen mit dem Anker zu zerstören, sondern so gut wie möglich immer die schon benutzten Stellen für den Anker zu nehmen. Die Ankertiefe lag immer um die zehn Meter. Da lässt sich der Meeresgrund gut erkennen.

Wir Taucher bereiteten uns inzwischen auf den Tauchgang vor. Außer Klaus und mir waren diesmal auch noch Yvonne und Michael, zurzeit das dritte Pärchen der Tauchbasis, an Bord.

An dieser Stelle herrschte gerade eine ziemlich starke Strömung. Rainer legte die Strömungsleine aus, die sich am Boot Richtung Heck postierte. Wir sprangen ins Wasser. Ich hatte allerdings schon vorher Bedenken, ob ich mit meiner verschnupften

Nase überhaupt den Grund erreichen würde. Ich muss mich im ersten Flieger erkältet haben, in dem es wie im Eisschrank war. In der vergangenen Nacht hatte ich argen Ärger mit meiner Nase.

Wir sprangen also einer nach dem anderen ins Wasser und hielten uns sofort an der Leine fest. Man durfte die Leine wirklich nicht loslassen, sonst geht die Post ab und man wird von der Strömung ins offene Meer getrieben. Wir sollten uns ans Ankerseil vorarbeiten und dann an diesem hinablassen. Ich war schon in diesem Moment völlig außer Atem, denn wir mussten bis zum Ankerseil ganz schön gegen die Strömung strampeln. Klaus und ich wollten zusammen abtauchen, die anderen waren wohl schon weg. Ich ließ mich langsam am Seil hinunter, doch ich kam wie erwartet nicht weit. Es war unmöglich für mich, einen Druckausgleich hinzubekommen, ohne den ein Abtauchen nicht möglich ist. Ich musste also abbrechen, während Klaus sich zu den anderen gesellte. Na, der Urlaub ging wirklich gut los.

Es dauerte auch nicht lange, bis Yvonne und Michael mit Klaus zurückkamen. Sie hatten zu viel Luft bei dieser Strömung verbraucht. Selbst auf Ankertiefe hatte sie wohl nicht nachgelassen und das Boot lag auch nicht richtig. Der Weg bis zum Abhang, den sie erreichen wollten, war unter diesen Umständen zu weit. Die Taucher mussten sich am Boden entlang hangeln, wofür sie sehr viel Luft gebraucht haben. Leicht enttäuscht, weil auch nicht zu viel gesehen, fuhren wir zur Insel zurück. Das ist eben die Natur.

Auf Mantigue warteten wir auf das Mittagessen. Dani und Lituy brachten inzwischen unsere Sachen aus der Hütte auf das kleine Fischerboot des Vermieters unserer Hütte, um es damit zum großen Boot zu bringen. Das ankerte immer ein ganzes Stück von der Hütte weg, weil das Wasser dort etwas tiefer ist. Auf diese Weise brauchten sie die Sachen nicht den ganzen Weg zu tragen. Es handelte sich hierbei nicht um zwei, drei Koffer, sondern eigentlich um eine ganze Wohnungsausstattung wie Matratzen, Kochgeschirr und Campingtisch. Sogar einen „Kühlschrank" hatten wir dabei, der eine mit Eis gefüllte Styroporkiste in einem Drahtgestell ist.

Nach dem Mittag stiegen wir auf das Boot, was nicht immer ganz angenehm war, vor allem bei Hochwasser, sprich Flut. Da steht man schon einmal bis zum Hals im Wasser, oder noch tiefer. Dazu mussten wir immer unsere Füßlinge anziehen, damit wir nicht mit blanken Füßen in die Seeigel treten, die dort überall herum liegen. Ab und zu hatte man auch einmal ein T-Shirt oder etwas anders in der Hand, um es zum Boot oder an Land zu bringen. Das musste dann über den Kopf gehalten werden oder es wurde unweigerlich nass, ganz schön abenteuerlich.

Das Boot fuhr jetzt zurück nach Balingasag, zur Tauchbasis. An der rauen Küste von Camiguin ankerten wir noch einmal, wo es auch ein sehr schönes Tauchgebiet geben soll. Ich brauchte es heute jedenfalls nicht noch einmal zu versuchen und blieb an Bord. Die anderen tauchten schon bald ab und wurden eine dreiviertel Stunde nicht mehr gesehen. Gegen Ende der Tauchzeit stiegen hier und da Blasen aus dem klaren Wasser in der Nähe des Bootes auf.

Während wir so warteten, beobachtete ich zwei Seeadler. Es war meine erste Beobachtung dieser Art und es war aufregend.

Als die anderen alle wieder an Bord waren, setzten wir die Fahrt fort. Den an Bord gebliebenen wurde nun erzählt, wie toll es da unten eben war. Neben dem Fischreichtum soll dieser Flecken auch landschaftlich sehr reizvoll sein. Klaus hatte sogar eine Planktonkolonie gesehen, die eine lila Farbe hatte. Solche Kolonien bilden meistens spiralförmige Schnüre.

Auf der Basis angekommen, genossen wir erst einmal die Dusche. Dafür stand allerdings immer nur kaltes Wasser aus der Grundstücksquelle zur Verfügung. Warmes Wasser gibt es nicht. Das war bei den Temperaturen immer so um die dreißig Grad eigentlich auch nicht nötig. Trotzdem kostete es meistens eine große Überwindung, das ziemlich kalte Wasser über den Körper laufen zu lassen.

Den Rest des Tages schrieben wir unsere Logbücher, erzählten, lasen und warteten auf das Abendbrot.

Dieser Tag war für mich nicht sehr erfreulich, denn ich musste wegen meiner Erkältung einen Ruhetag einlegen. Dazu hatte ich mir die Schienbeine und Füße durch die Sonne auf Mantigue soweit verbrannt, dass ich nur noch mit Mühe aufstehen und laufen konnte. Normalerweise dauert es einige Zeit, bis die Schienbeine verbrennen, doch hier am Äquator hat die Sonne eine unbändige Kraft. Man hält es keine fünf Minuten am Strand aus.

Rainer wollte an dem Tag mit den Tauchgästen nach Medina, etwas weiter nördlich, fahren. Dort liegt ein weiteres Tauchgebiet mit Canyons, Grotten und unterseeischen Süßwasserquellen. Klaus und Diether waren schon einmal da und schwärmten von diesem Gebiet.

Sie fuhren nach dem Frühstück los, während ich den ganzen Tag im Bett verbringen wollte, um mich zu kurieren. Schon zum Mittag kamen alle wieder zurück. Ich fragte Klaus, was denn los sei, denn ich hatte mit ihnen erst zum Nachmittag gerechnet. Klaus erzählte, dass dieser Ausflug eine totale Pleite war. Sie hätten unter Wasser kaum fünf Meter Sichtweite vorgefunden. Irgendwo muss wohl ein solcher Regen gefallen sein, dass zu viele Sedimente dort ins Wasser gespült worden sind. Es war einfach der falsche Zeitpunkt. Von den Süßwasserquellen wäre auch keine Spur gewesen. Ein kurzer Tauchgang durch den Canyon brachte ebenfalls nichts und so kamen sie wieder zurück.

Die Nachmittage waren im Allgemeinen zum Ausruhen da. Wir hatten nicht viele Möglichkeiten der Freizeitgestaltung außer Logbuch schreiben, lesen und unterhalten. Da wir jedoch Urlaub hatten, war es gerade recht so, kommt ja bei unseren Reisen sonst nicht vor.

Am Abend kam Gaga, eine Nachbarin, herüber. Sie ist Naturkundeheilerin und Masseurin. Wir hatten jeden Tag die Möglichkeit, uns von ihr massieren zu lassen. Eine Massage von etwa zwanzig Minuten kostete gerade 1,50 Euro. Da kann man nicht Nein sagen. Wie sich jedoch bald herausstellte, hielt man ihre Behandlung nur alle zwei Tage aus. Gaga hat einen Griff, als wäre man in Schraubzwingen geraten. Sie verstand ihr Handwerk und wenn sie eine Stelle am Körper gefunden hatte, die nicht ihren

Vorstellungen entsprach, etwa Verspannungen irgendwelcher Art, dann tat das schon manchmal weh.

Jedenfalls machte Klaus an diesem Abend als erster von uns beiden die Erfahrung. Ich traute mich noch nicht und wollte erst seine Meinung hören.

Als es dunkel geworden war, das war immer so gegen 18 Uhr, sah ich hier zum ersten Mal den Mond. Wir sahen es schon mehrfach im Fernsehen, jetzt konnten wir es mit eigenen Augen erleben: die Mondsichel liegt in dieser Breite auf dem Rücken, richtig auf dem Rücken. Das sieht schon merkwürdig aus.

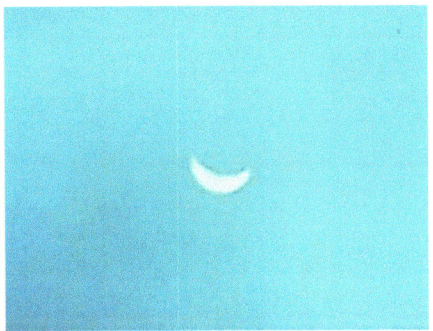

die Mondsichel liegt auf dem Rücken

Nach dem Abendbrot setzten wir uns alle noch etwas auf die Terrasse am Strand, wo immer noch ein kleines Lüftchen geht. Das ist angenehmer als auf der Terrasse der Hütte, wo die Luft steht.

Bei einem, oder auch zwei Gläsern Tanduay-Cola verbrachten wir die letzten Stunden des Tages. Tanduay ist ein philippinischer Rum.

An diesem Abend wollten wir unsere Taucherlampen ausprobieren. Wir hatten sie im Januar auf der „Boot" in Düsseldorf gekauft und keine Ahnung, wie viel Strom sie noch hatten.

Wir gingen ein paar Schritte ins Wasser und wollten uns dort umsehen, ob wir vielleicht den ein oder anderen Fisch, eine Schnecke oder sonst etwas entdecken konnten. Schon nach wenigen Schritten ließen unsere Lampen nach, meine noch früher als Klaus seine. So blieb ich stehen und wartete auf Klaus, der immer noch mit seiner Lampe ins Wasser leuchtete. Plötzlich bewegte sich etwas ziemlich massiv unter meiner Ferse. Ich war so erschrocken, außerdem war es so ein unangenehmes Gefühl, dass ich aufschrie und auf dem kürzesten Weg zum Land zurückkehrte. Dort fragte man mich, was denn gewesen sei. Ich erzählte mein Erlebnis und wurde aufgeklärt, dass es wahrscheinlich ein Plattfisch war, der sich im Sand vergraben hatte. Es gäbe viele davon.

Das junge Pärchen Yvonne und Michael reisten an diesem Tag ab. Ihr Urlaub war nach vierzehn Tagen zu Ende gegangen.

Wir anderen vier fuhren mit dem Boot nach White Island. Klaus und ich waren gespannt, was das hieß. Nach einer Stunde Fahrt ankerten wir vor einer winzigen Insel Richtung Cagayan. Sie zählt nur wenige Meter im Durchmesser und besitzt keinen Baum und keinen Strauch, nur weißen Sand. Auf der Insel steht eine Hütte auf Pfählen. In der hat der Sheriff, der für die Einhaltung des Tauch- und Fischfangverbotes in den abgegrenzten Stellen sorgt, sozusagen sein Büro.

Diese abgegrenzten Stellen nehmen etwa ein Viertel des Riffs ein und werden von Zeit zu Zeit, ich nehme an innerhalb mehrerer Jahre, umgesetzt. In dieser Zeit kann sich die Unterwasserflora und -fauna vom Raubbau wieder erholen. Rainer erzählte, dass vor ein paar Jahren diese Stelle, an der wir jetzt lagen, tot war. Jetzt bot sich uns ein Bild voller Leben. Da kann man sehen, dass es sich lohnt, etwas für die Natur zu tun.

White Island

Vorbereitung zum Tauchen

Um die Insel herum fällt das Riff stellenweise sehr flach ab, an einer anderen Stelle ziemlich steil. Die „Flying A", so hieß unser Boot, ankerte an dieser steil abfallenden Stelle.

Wie immer absolvierten wir zwei Tauchgänge am Tag. Nachdem wir am Ankerseil abgetaucht waren, befanden wir uns schon am Rande des Abhanges. Den tauchten wir hinunter, dann kam ein Canyon, der jedoch breit genug war und nicht zu tief. An den Hängen wachsen schwarze Korallen, deren Polypen wie Schnee aussehen. Unmengen von Fischen kleiner und mittlerer Größe tummeln sich zwischen dem Bewuchs. Als wir etwa in dreißig Metern den Grund erreicht hatten, trafen wir auf Röhrenaale. Diese kleinen Aale sind sehr scheu. Sie stecken den ganzen Tag in ihren Röhren im Sandboden und wiegen nur ihren Kopf im Wasser, um Beute zu fangen. Sobald sich jedoch jemand nähert, ziehen sie sich in ihre Behausungen zurück und man braucht schon eine Menge Geduld und vor allem genügend Luft, sie wiederzusehen.

Die zierlichen und sehr schönen Feuerfische ließen sich häufig beobachten, wenn wir die Augen offen hielten. Sie verstecken sich meistens in Löchern oder hinter Korallen und Schwämmen. Wir entdeckten sogar eine schwarz-weiße Art.

Die Vasenschwämme haben hier manchmal enorme Ausmaße und sie bieten ein gutes Versteck für so manchen kleinen Meeresbewohner. Die Schwämme sehen wie überdimensionale Vasen aus, sind aber nicht sehr stabil.

fantastische Unterwasserwelt

Hirnkoralle

Seeanemone mit Anemonenfisch

Garnele

Schwämme

Antennenfeuerfisch

31

Das war alles so aufregend. Normalerweise tauchten wir gleich auf eine gewünschte Tiefe ab und dann langsam wieder auf. Damit hat unser Körper genügend Zeit, den überflüssigen Stickstoff, der während des tieferen Tauchens aufgenommen wird, langsam wieder abzubauen. Diese Zeit nutzten wir immer, um uns auf dem Riffdach, also bis in zehn Meter Tiefe, genauer umzusehen. Wir stöberten dann in jedem Loch, ob sich nicht irgendwo etwas Besonderes versteckt hat. Manchmal haben wir sogar Glück. Vor allem, wenn die Sonne ins Wasser scheint, sieht es wie im Märchen aus. Dann kommen erst die vielen schönen Farben so richtig zum Vorschein. Die Vielfalt, die sich uns hier bietet, ist wirklich schon fast erdrückend.

Die Rückfahrt gegen 14 Uhr war etwas bewegt. Meistens stellte sich um diese Zeit eine Brise ein, die über die Berge kommt und die Wellen etwas unfreundlich werden lässt. Unser Auslegerboot ist wohl für einen größeren Wellengang nicht geschaffen. Bei schneller Fahrt dreht dann die Schraube schon manchmal ins Leere.

Trotz des Wellenganges sprangen vor uns fliegende Fische und kleine Thunfische aus dem Wasser.

Am Nachmittag kam dann sogar Regen auf, trotzdem blieb es warm. Nur die Schwüle, die an diesem Tag kaum noch zu ertragen war, war verschwunden. Bis zum Abend haben wir gedöst.

Wie jeden Abend setzten wir uns an den Strand und lauschten dem Abend. Am Horizont fanden sich um diese Zeit immer viele Fischerboote zum nächtlichen Fang ein. Wir konnten aber nur eine Lichterkette erkennen. An zwei oder drei Stellen erstrahlten richtige Lichterscheine, die von den industriellen Fangschiffen stammten.

Das Wasser hatte sich immer bis zum Abend zurückgezogen. Es verschwand am Nachmittag und kam erst gegen 22 Uhr wieder. Wenn die Flut einsetzt, kann man das hören. Dann schwappen die Wellen ganz schön geräuschvoll auf den Sand und kommen dabei ganz langsam immer näher. Dieses Kommen und Gehen des Wassers hatte ich bis dahin noch nie so nah erlebt. Es ist schon interessant, wie die Kraft des Mondes dieses Phänomen beeinflusst. Da kann man schon einige Zeit mit dem Beobachten der Gezeiten verbringen. Wir hatten jedenfalls Zeit und Muse genug dafür.

Es war ein trüber Morgen, als wir aufstanden, und es war sehr feucht. An diesem Tag fuhren wir zum Hausriff hinaus, was eine viertel Stunde Weg bedeutete. Unter Wasser ist das eine sehr schöne Stelle, vor allem der zweite Tauchgang war sehr erfolgreich. Ich hatte immer noch Schwierigkeiten mit dem Abtauchen. Wenn ich auf Ankertiefe war, war meistens erst einmal Schluss. Es dauerte dann eine Weile, bis ich weiter abtauchen konnte.

Während ich darauf wartete, dass ich mich weiter nach unten bewegen konnte, sahen Klaus und ich uns auf dem Riffdach um. Dabei fiel mir ein sehr großer blauer Seestern auf, der meine Aufmerksamkeit erregte. Wie ich dann so herankam, sah ich etwas, was nicht so recht in die kantige Landschaft passte. Ich sah noch genauer hin und konnte eine Flosse ausmachen, die sich an eine Koralle schmiegte. Nur ganz langsam erschloss sich mir ein Anglerfisch. Der war so gut getarnt, dass sich seine Konturen wirklich nur sehr langsam von der Umgebung lösten.

Ich holte Klaus heran und zeigte auf die Stelle. Er schüttelte immer nur den Kopf, konnte nichts erkennen. Ich zog ihn heran und er stieß schon fast mit der Nase auf den Fisch, ehe er ihn entdeckte. Er neckte den Fisch, doch der blieb stur auf seiner Stelle sitzen. Diese Fische können nicht gut schwimmen, sie springen eigentlich nur und lassen sich dann wieder fallen. Sie sind sehr standorttreu, wenn man sie in Ruhe lässt, erfuhren wir anschließend.

Es waren schon viele Taucher hier, aber nur den wenigsten ist es vergönnt, einen Anglerfisch zu sehen. Als der Anglerfisch sich dann doch von seinem Fleck bewegt hatte, entdeckte Klaus darunter einen zweiten. Es war also ein Pärchen. Wir waren sehr stolz auf uns.

Auf eine weitere Entdeckung hatten wir schon gelauert, seit wir hier angekommen waren. Wir waren auf der Suche nach einer Geistermuräne. Ich kannte nur Bilder von ihr und hatte keine Vorstellung, wie groß sie ist. Kann man sie mühelos sehen oder muss man sie auch entdecken? Hier nun „entdeckte" ich eine. Da die Geistermuränen auf Bildern immer im Sandboden sitzen, hatte ich sie auf den größeren Sandflächen gesucht. Jetzt waren wir in einem Riff unterwegs, dass nur kleine Sandflächen besitzt. Plötzlich stach mir etwas kleines Blaues ins Auge. Ich dachte, das muss eine Geistermuräne sein und tauchte hin. Tatsächlich schwebte ein winziges, hauchzartes Geschöpf vor uns in seinem Sandloch hin und her. Diese Muränchen halten sich also immer im Schutz von Korallenblöcken auf, sind aber, wenn sie einmal da sind, durch ihre leuchtend blaue Farbe leicht zu finden. Der Kopf hat eine gelbe Färbung, ist aber schon fast durchsichtig. Diese Geistermuränen sind wirklich nur ein Hauch, aber sehr niedlich.

Außer diesen beiden „Sensationen" tummelten sich wieder Röhrenaale, Nacktschnecken, Schwämme, Korallen und verschiedene Feuerfische im Riff.

Auf unserem Rückweg nach oben kam uns auch noch ein einsamer Schiffshalter besuchen und wollte sich fast an Diethers Flosse heften. Einsame Schiffshalter sollen wohl auch ein Zeichen dafür sein, dass sich irgendwo ein wirklich großer Fisch in der Nähe aufhält. Leider blieb der uns verborgen.

Auf dem Riffdach erwartete uns wieder das Aquarium, das uns die Zeit der letzten Luftzüge unter Wasser sehr angenehm gestaltete.

Nach dem Mittagessen kam die Sonne dann doch noch heraus. Klaus und ich entschlossen uns, an diesem Nachmittag einen Dorfrundgang zu unternehmen. Wir wollten doch etwas mehr von den Philippinen sehen, als nur die Tauchbasis und die Unterwasserwelt.

So spazierten wir einfach in Richtung Cagayan los. Da mich Jürgen in den ersten Tagen wegen meiner Erkältung in diese Richtung zum Doc gefahren hatte, wusste ich, dass dieser Weg auf die Hauptstraße führt und den wollten wir jetzt zu Fuß nehmen. Schon an der ersten Gabelung wusste ich nicht mehr, welcher Weg der richtige war und wir nahmen prompt den falschen. Der Weg, der eben noch ein Fahrweg war, wurde mit der Zeit immer schmaler.

Auf unserem Spaziergang kamen wir immer wieder an Hütten vorbei und an einem Basketball-Platz, auf dem gerade ein Spiel stattfand. Alle Leute sahen uns an, als wären wir gerade vom Mond gekommen. Da es hier keinen Tourismus gibt und die meisten Tauchgäste sich nicht zu einem Spaziergang aufraffen können, waren wir Exoten, vor allem dadurch, dass ich blaue Augen habe und Klaus einen Vollbart trägt. Philippinos haben normalerweise keinen Bartwuchs. Außerdem trug ich noch meine weiße Haut zur Schau, die dazu vom Sonnenbrand gezeichnet war. Wir kamen jedenfalls aus dem Grüßen und Lächeln kaum heraus. Die Reaktionen gingen vom verschämten Wegsehen bis zum aufbrausenden Hallo. Meistens wurden wir jedoch auf das freundlichste begrüßt. Jedenfalls konnte ich mein Lächeln am Ende des Rundgangs kaum noch aus dem Gesicht bekommen.

Zwischen den Hütten stehen Bananen, Kokospalmen und Papayabäume. Zwischen diesen wiederum finden sich Zebus, die wichtigsten Haustiere, Schweine, auch ein paar heruntergekommene Pferde und Wasserbüffel. Auf den Grundstücken tummeln sich Ziegen, Hühner und vor allem Hunde.

Nach einer Weile war aus dem Fahrweg nur noch ein Trampelpfad geworden, der sich zwischen den Grundstücken dahin windet. In den Gärten bestaunte ich die fantastisch blühenden Orchideen.

Dann dachten wir, dass wir uns verlaufen hätten, als von fern Straßengeräusche zu uns drangen. Während wir uns einen Weg suchten, kamen wir an einer grünen Lichtung heraus, auf der sich wohl eine Familie mit ihren Weidetieren niedergelassen hat, und standen wenig später vor einem ausgetrockneten Flussbett. Es existiert keine Brücke an das andere Ufer, hinter dem direkt die Straße entlang führt. Was hatten wir doch für ein Glück, dass die Trockenzeit schon eine Weile dauert und der Fluss kein Wasser mehr führt. Dann hätten wir hier wohl umkehren müssen und wahrscheinlich den Rückweg nicht mehr gefunden. So stiegen wir die steile Wand nach unten und auf der anderen Seite die provisorischen Treppen wieder hinauf.

Spaziergang durch das Dorf Mambayan

34

Reisfeld

Kokospalmen und Bananen

Zebu's

Bauernhof

Straße am Dorf vorbei

Jetzt wandten wir uns in die entgegengesetzte Richtung und spazierten bis zu der Einfahrt, die wir bei unserer Ankunft zur Tauchbasis hineingefahren sind. Das waren so an die zwei bis drei Kilometer. Am Straßenrand stehen ebenfalls ärmliche Hütten. Die Leute grüßten uns von überall her und fragten, wo wir her wären und wo wir hingingen. Soviel Herzlichkeit und Offenheit war neu für uns. Wir fühlten uns echt willkommen. Da ist nichts gespielt, das ist das pure, einfache Leben der Philippinos.

Gegen 18 Uhr, es wurde gerade dunkel, kehrten wir zur Basis zurück und hatten eine Menge gesehen und erlebt. Langsam konnte sich auch mein Gesicht wieder entspannen. Das viele Lächeln war echt anstrengend.

Wir waren gerade zur Massagezeit zurechtgekommen. Gaga kam bald um die Ecke und fragte nach Kundschaft. Klaus war nun schon zweimal unter ihren Händen, ich versuchte es heute. Mann-o-Mann, die hat Kraft in den Händen. Stellenweise drückte sie bis auf die Knochen. Zum Glück fand sie bei mir keine verspannte Stelle, die sie richtig hart bearbeiten konnte. Vielen Dank an meinen Aerobic-Sport.

Das Beste an der ganzen Massage, die eigentlich überhaupt nicht erholsam war, war die Einreibung mit selbstgemachtem Kokosöl, das so gut roch.

An diesem Morgen frühstückten wir in Ruhe. Die Taucherei zehrt doch kräftig, wenn man das nicht gewohnt ist. Ab und zu hätte ich auch gut einmal eine längere Ruhepause vertragen können, doch wir hatten nicht unendlich Zeit und wollten so viel wie möglich sehen.

Wir fuhren abermals nach White Island, der Sandinsel. Diesmal ankerten wir ein Stück weiter vorn, an einer anderen Stelle der Riffkante, wo der Hang leicht abfällt. Ganz unten, in etwa dreißig Meter Tiefe, breitet sich wieder eine Sandfläche aus, etwas weiter steht ein riesiger Felsen in der Landschaft. Den wollte ich erkunden. Vorher rief mich Klaus zu sich, der unter einem Überhang einen schönen großen Zackenbarsch gefunden hatte. Solche großen Fische sind hier selten, weil die Fischer alles wegfangen oder gar harpunieren.

Dann tauchte ich zu dem Felsen hinüber und fand wieder etwas neues, einen vielleicht siebzig Zentimeter großen Riesenkugelfisch. Der fühlte sich sicher und suchte beim Schein meiner Lampe nicht gleich das Weite. So konnte ich ihn gut beobachten und dabei Klaus auf ihn aufmerksam machen.

Wie ich mich so mit ihm beschäftigte und mich manchmal auch in der Gegend umsah, überkam mich ein leichter Schwindel. Ich versuchte ihn wegzubekommen, doch es wurde immer schlimmer. Um mich fing sich alles an zu drehen. Es wurde so schlimm, dass ich Angst hatte, ohnmächtig zu werden. Alles, bloß das nicht, sagte ich zu mir und tauchte auf die halbe Tiefe auf. Dort landete ich auf der Höhe des Riffdaches und suchte mir mit den Augen krampfhaft einen festen Punkt. Dann ließ der Schwindel nach und hörte sogar ganz auf, Gott sei Dank. Ich suchte Klaus, der sich noch unten aufhielt und mich suchte. Er kam dann gleich zu mir hoch und fragte mich mit dem OK-Zeichen, ob alles in Ordnung wäre. Ich gab ihm das OK-Zeichen zurück, es war ja alles wieder in Ordnung. Nur hatte ich dabei viel Luft verbraucht und ich zeigte ihm, dass wir den Rückweg antreten mussten.

In den letzten zehn Minuten, die wir unter dem Boot verbrachten, machte mich Rainer, auf den wir dort trafen, auf etwas aufmerksam. Ich konnte nur einen Flötenfisch in der Nähe sehen, doch die hatten wir ja schon öfters erlebt. Ich fragte mich, was er wollte, weil ich sonst nichts weiter entdecken konnte. Nach einer kleinen Weile fiel mir ein Schwarm Fische auf. Ich sah genauer hin und dachte so bei mir, was das wohl für Fische wären. Die hatten eine eigenartige Form und waren fast durchsichtig. Ich gab mir Mühe, sie zu identifizieren, bis ich erkennen konnte, dass das gar keine Fische waren. Vor mir schwamm in aller Ruhe ein Schwarm kleiner Kalmare. Das war schon wieder eine Überraschung und ich freute mich riesig. Ich versuchte Klaus heranzubekommen, aber der war mit dem Stöbern in den Korallenlöchern beschäftigt. Erst als wir am Ankerseil hingen, um auf das Boot zu gehen, kamen wieder drei Kalmare an uns vorbei. Noch im letzten Moment konnte auch Klaus sie sehen.

Außer unseren aufregenden Neuentdeckungen begegneten wir hübschen, schwarz-weißen Seegurken, die sich mit ihren Füßchen über den Boden bewegten, mehreren Arten von Nacktschnecken und blauen Korallen. Es machte einfach Spaß.

Für unseren zweiten Tauchgang fuhren wir ein Stück um die Insel herum. Rainer hatte uns gefragt, ob wir auf einer reinen Sandfläche tauchen wollen. Wir bejahten diese Frage, da auch Sandflächen reizvoll sein können. Vielleicht traf ich dort einmal auf einen Plattfisch.

Nach eineinhalb Stunden Oberflächenpause starteten wir zum zweiten Tauchgang. Die Ankertiefe betrug jetzt nur etwa vier Meter, wir mussten also beim hinein springen vorsichtig sein. Bis zum Grund war die Sicht fast gleich Null, doch dann lichtete sich der Nebel. Zuerst tauchten wir über eine lichte Seegraswiese, dann breitete sich eine ganze Weile nur noch Sand aus. Ganz langsam kamen wir voran, den Boden nach irgendwelchem Leben absuchend. Ein ganzes Stück entfernt tauchte ein großer Korallenblock vor uns auf. Den steuerten wir an und glaubten nicht, was sich uns dort für eine Vielfalt an Leben bot. Noch viel mehr Fische als sonst tummeln sich um und in diesem Block. Die Sandfläche wirkte fast ausgestorben, dafür tobt an diesem Korallenblock ein überschwängliches Leben. Wir wussten gar nicht, wo wir zuerst hinsehen sollten. Neben den Aquarienfischen tummeln sich dort braune Schnapper, kleine Trompetenfische, Büschelbarsche und die lustigen, rot-gelb quergestreiften Seenadeln. Über allem thronen gelbe und hellgraue Gorgonien.

Um uns herum gab es eine viertel Stunde lang nichts mehr, nur noch diese Oase. Wir legten uns am Rand auf den Sand und beobachteten die Fische. Es war auch gerade die Zeit, da hier die meisten Fische Hochzeit feiern oder schon ihr Gelege haben und sich darum kümmern.

Noch ein Stück weiter befindet sich ein kleinerer Korallenblock, den wir ebenfalls ansteuerten. Da dieser jedoch nicht ganz so interessant ist, kehrten wir ihm den Rücken und legten uns noch einmal vor dem großen Block auf die Lauer.

Irgendwann hatte sich jedoch, wie jedes Mal, unser Luftvorrat auf die Hälfte reduziert. Das ist das Zeichen zur Umkehr. Wieder konnten wir auf der Sandfläche nichts entdecken, nur ein paar Seeigel hielten sich in der Seegraswiese auf.

Wir kletterten an Bord zurück. Der Wind hatte inzwischen zugenommen und die Wellen gingen hoch. Das wurde wieder einmal eine raue Rückfahrt.

Zum Essen, sei es Mittag oder Abendbrot, stand jetzt schon jeden Tag Fisch auf dem Tisch. Meistens bereitete uns Kathrin Papagei- oder Soldatenfische zu, manchmal auch Tintenfischringe oder frittierte fliegende Fische. Klaus aß mit Begeisterung, aber die anderen fingen schon zu lästern an. Anscheinend war das vor unserer Ankunft nicht so, da gab es wohl mehr Fleisch. Klaus, von der Küste kommend, hatte am Anfang kundgetan, dass es von ihm aus nur Fisch zu geben braucht. Das hatte Kathrin ziemlich wörtlich genommen und seither gibt es immer nur Fisch. Die Fleischrationen nahmen nur einen Bruchteil ein. Nicht, das der Fisch nicht geschmeckt hätte, er war superlecker, aber als Binnenländer möchte man doch schon ganz gern einmal etwas Fleisch essen. Die Wünsche der Gäste werden eben so gut wie möglich erfüllt, das ist die Art der Philippinos.

Der Nachmittag lief, wie fast alle Nachmittage, sehr ruhig ab.

Siesta

Blick auf das Meer

Am Freitag hatte ich Jürgen gebeten, mir ein paar Postkarten aus Cagayan mitzubringen. Hier sind keine zu bekommen und er fuhr sowieso für drei Tage dorthin. Heute Nachmittag bekam ich diese Karten und ich setzte mich gleich daran, sie zu schreiben.

Zum Abendessen gab es auf vielfachen Wunsch Spaghetti mit Hackfleischsoße. Hm, war das eine Wohltat, kein Fisch. Den Nachtisch nach jedem Essen bildeten Mangos oder Ananas, manchmal auch eine große Papaya oder Lanzonis, eine litschiartige Frucht. Die zu schälen ist allerdings eine große Sauerei, da der austretende Saft wie Kleister klebt, dafür schmecken sie umso besser.

An diesem Abend gingen wir früh zu Bett, die Taucherei schlaucht zu sehr, auch wenn man das nicht wahrhaben will.

Die Sonne ließ sich an diesem Tag kaum blicken. Wir beratschlagten, was wir machen sollten. Die Entscheidung fiel auf das Hausriff. Wir absolvierten dort unsere zwei Tauchgänge, die allerdings wenig Spaß machten. Wenn das Wetter nicht entsprechend schön ist, ist das Leben unter Wasser auch nicht gerade prächtig. Trotzdem konnten wir zwei neue Entdeckungen machen. Kurz vor Beendigung des ersten Tauchganges fiel mein Blick beim Stöbern auf eine Weißaugenmuräne, die sich in einem Loch versteckt hielt. Die meisten Muränen werden hier nicht länger als sechzig Zentimeter. Vor denen braucht man keine Angst zu haben. Da war mir der Gedanke von den großen braunen Riesenmuränen, die bis zu drei Meter lang und dick wie ein Männeroberschenkel werden, nicht so geheuer. Die können ganz schön gefährlich werden, wenn man ihnen zu nahe kommt und sie einen schlechten Tag haben. Dieses kleine Muränchen dagegen war echt niedlich, mit den kleinen weißen Augen.

Beim zweiten Tauchgang stupste mich Klaus an und zeigte in eine Richtung nach oben. Da schwamm gerade eine Suppenschildkröte an uns vorbei. Wir waren sehr glücklich, sie zu sehen.

Nach dem Mittagessen wollten wir einen Strandspaziergang machen. Bei der vielen Sitzerei und Schweberei muss man ja auch einmal etwas für die Beine tun. Wir zogen uns also um und liefen zuerst links den Strand entlang. Durch das Hochwasser kamen wir aber schon nicht über die erste Hürde. Kurz hinter Jürgens Grundstück mündet ein Bach, der jetzt ein Fluss war, aus dem Landesinneren ins Meer. Da kamen wir nicht durch. Wir entschlossen uns umzukehren und in die andere Richtung zu gehen, aber auch hier wurden wir nach nur ein paar hundert Metern gestoppt. Ausgerechnet jetzt kam auch noch die Sonne durch und brannte wie der Teufel. Uns blieb nichts weiter übrig, als zur Basis zurückzukehren.

Schon seit einiger Zeit lebten wir ohne die Zeit. Meine Uhr war bei unserer Ankunft stehen geblieben. Ich nahm an, dass die Batterie leer sei. Klaus´ Uhr mit der Automatik läuft auch nur gut einen Tag, wenn er sie nicht trägt, dann bleibt sie stehen. Da es hier nicht immer so einfach ist, an eine genaue Zeitangabe zu kommen, gaben wir es bald auf. Wir lebten jetzt frei nach der Devise: wenn es hell wird, stehen wir auf, wenn es dunkel wird, gehen wir ins Bett. Wenn ich nicht mein Tagebuch geführt hätte, hätte ich nicht einmal gewusst, an welchem Tag wir leben. Zeit war unwichtig geworden.

Wenn wir abends am Strand saßen, erfreuten uns immer wieder Glühwürmchen und Fledermäuse mit ihren quietschenden Rufen.

Strand bei Ebbe

An diesem Morgen sah es noch trüber als, als an den anderen Tagen. Eigentlich wollten wir an diesem Tag nach White Island fahren, sind dann aber wegen des zu erwartenden Regens doch nur bis zum Hausriff gekommen. Es machte keinen besonderen Spaß, aber etwas anderes konnten wir bei solch einem Wetter nicht tun. Beim ersten Tauchgang gab es keine besonderen Vorkommnisse. Wir sahen nur einen schönen großen Trompetenfisch und kleinere Flötenfische.

Nach dem mittäglichen Snack zur Oberflächenpause, meistens mit von Dani selbstgebackenem Kuchen und Kaffee verkürzt, beschlossen wir zurückzufahren. Es hatte angefangen zu regnen und es wurde kalt und ungemütlich. Es wäre nicht gut gewesen, bei diesem Wetter auf dem Boot zu bleiben und sich eine Erkältung zu holen. Erst nach dem Mittagessen schien es sich aufzuklären, doch dann zog sich der Himmel schon wieder zu. Es blieb den ganzen Nachmittag nass, ungemütlich und windig. Jürgen hatte Skatkarten besorgt, weil er jetzt genügend Leute zum Mitspielen gefunden hatte. So vertrieben wir uns die Zeit beim Skat spielen.

Wenn sich das Wetter am nächsten Tag nicht bessern würde, würden wir eventuell eine Landtour zu dem Wasserfall in der Nähe machen. Das wäre Klaus und mir ganz recht, könnten wir dann wieder ein Stückchen mehr von der Umgebung sehen.

Als wir aufstanden, wir hatten an diesem Tag etwas länger geschlafen, begrüßte uns ein ekliges Regenwetter. Wir überlegten lange, was wir mit dem Tag anfangen sollten. Zum Wandern war es zu nass, rumsitzen wollten wir auch nicht, also fuhren wir tauchen. Unter Wasser ist es egal, ob es regnet oder nicht, es sieht nur alles nicht so freundlich aus. Um trotzdem etwas Farbe ins Spiel zu bringen, nahmen wir unsere Lampen mit, was sonst fast nie notwendig war. Wie schon gesagt: fühlen wir uns nicht wohl, ist auch mit den Fischen nichts los. Das Tauchen diente an diesem Tag eben nur dem Zeitvertreib.

In den letzten Tagen hatte ich wohl meinen Ohren etwas zu viel zugemutet. Beide Ohren waren dicht, die Trommelfelle schmerzten. Die ewige Feuchtigkeit und die Schwierigkeiten beim Druckausgleich hatten ihnen zugesetzt. Selbst die Tropfen, die ich für solche Fälle habe, halfen diesmal nicht.

Kathrin hatte mich gestern gefragt, ob ich heute nicht mit ihr in die Stadt fahren wolle, nach Cagayan. Klar wollte ich, und Klaus auch, außerdem war es eine gute Gelegenheit, meinen Ohren eine Pause zu gönnen.

Nach dem Frühstück, gegen 10 Uhr, fuhr Jürgen uns drei mit dem Jeep zur Hauptstraße nach Balingasag. Dort stiegen wir in ein Jeepney, da die Busse sehr unzuverlässig fahren. Die Jeepney´s haben nur den Nachteil, dass sie an so ziemlich jeder Ecke halten, um Passagiere aufzunehmen oder aussteigen zu lassen. Da sich das bei dieser Fahrt in Grenzen hielt, kamen wir nach fast eineinhalb Stunden in Cagayan an. Für die fünfundsiebzig Kilometer lange Fahrt bezahlten wir keine 1,25 Euro. Ich musste mehrmals fragen, ob ich Kathrin bei dem Fahrpreis richtig verstanden hatte. Für uns war das ein lächerlicher Preis, selbst im Vergleich zu anderen Dingen auf den Philippinen. Da liegen die Preise so ungefähr bei der Hälfte des deutschen Niveaus. Die Fahrpreise sind jedoch so niedrig, dass für die Halter der Fahrzeuge am Ende kaum etwas herausspringt. Trotzdem sind sie für die einheimischen Mitfahrer hoch genug.

Noch während wir auf der Fahrt durch die Stadt waren und uns kurz aus der Verkehrslage heraus halten mussten, winkte Kathrin einen Ananasverkäufer heran und nahm ihm drei Ananas ab. Das ist eben alles möglich. Der Fahrer muss halt so lange warten, bis das Geschäft getätigt ist.

An einer Tankstelle in der Nähe eines Kaufhauses stiegen wir dann aus. Wir hatten Kathrin erzählt, dass wir Souvenirs suchen. Es sollte kein Kitsch sein, sondern etwas typisch philippinisches, vielleicht ein geschnitztes Bild oder so. So gingen wir zuerst durch das Kaufhaus. Kathrin lenkte unsere Aufmerksamkeit immer auf irgendwelche bunten Tücher, Batikshirts oder Ketten, aber so etwas wollten wir nicht. Wir suchten etwas anderes. In einem der Läden standen geschnitzte Bilder, die alle das Landleben auf den Philippinen darstellen. Mir schwebte ein Bild vom Fischerleben vor, da das auf die hiesige Region besser passt. Leider hatten wir damit kein Glück.

Außer den Souvenirs mussten wir auch noch ernsthafte Dinge erledigen. Zuerst hatte ich beim Durchsehen unserer Reiseunterlagen festgestellt, dass wir Klaus´ Schwester einen Tag zu früh zum Flughafen bestellt hatten, um uns abzuholen. Wir wollten ihr ein Fax schicken, dass sie einen Tag später kommen soll. Dazu wollten wir unseren Rückflug bestätigen lassen und Fährtickets kaufen.

Wir gaben also unser bisher Eingekauftes an der Gepäckaufbewahrung ab und setzten unseren Einkaufsbummel fort, bis wir auf mehrere Büros trafen. Eines davon war ein Copy-, Telefon- und Faxshop. Dort wollte ich mein Fax loswerden. Kathrin erzählte der Angestellten, dass sie mein Fax losschicken möchte. Die Angestellte wählte auch die Nummer, bekam aber nur den Anrufbeantworter. Der Apparat bei Klaus´ Schwester zu Hause hat für Telefon und Fax den gleichen Anschluss, was ich der Angestellten auch erklärte. Nach mehrmaligem Versuchen hatte die Angestellte die Schwester persönlich am Apparat. Ich war sauer, weil es jetzt teuer wurde. Ich erzählte von der Terminänderung und ließ mich auf keine Unterhaltung ein. Für nur drei Sätze hatte ich im Anschluss über 4,- Euro bezahlt. So kommt das Büro auch zu Geld.

Ein paar Büros weiter fanden wir so etwas wie ein Reisebüro. Dort könnten wir unsere Flugtickets bestätigen lassen, glaubten wir, aber dort waren wir an der falschen Adresse. Man schickte uns woanders hin. Kathrin rief nun ein Taxi und wir fuhren einige Straßen weiter zu einem Flugbüro. Hier hatten wir Glück und man bestätigte unsere Rückflüge. Das kostete uns allerdings noch mal 7,50 Euro.

Nun fehlten uns noch die Tickets für die Fähre, die uns nach Cebu bringen sollte. Dafür setzten wir uns wieder in ein Taxi und fuhren wieder ein paar Straßen weiter, zu einem Büro von Trans-Asia. Dort erzählte man uns, dass diese Gesellschaft zurzeit keine Fähre zur Verfügung hat, sie seien kaputt. Na toll, das ging wieder super los. Man schickte uns zu einem anderen Büro, aber dort konnten wir für den Samstag keine Fähre bekommen, weil diese Fähren nur am Montag fahren. Das wurde immer besser.

Nicht weit entfernt befindet sich ein Büro der Gesellschaft Super-Ferry. Dort versuchten wir unser Glück ein drittes Mal und bekamen endlich unsere Tickets. Die Preise sind zwar mit Abstand die teuersten, aber das konnten wir uns nun leider nicht mehr aussuchen. Wir buchten zwei Plätze in der Touristenklasse für den Abfahrtstag um 22

Uhr und waren damit auch diese Sorge los. Hätten wir Kathrin nicht dabei gehabt, wären wir nie zu unseren Tickets gekommen.

Jetzt fuhren wir mit einem Taxi in ein anderes Kaufhaus, in dem Kathrin noch Lebensmittel kaufen wollte, außerdem hatten wir immer noch kein Souvenir für uns. So schlenderten wir dort auch noch durch eine Souvenirecke und wurden fündig. Uns fiel eine Skulptur aus Holz ins Auge, die einen Reisbauern auf einem Wasserbüffel darstellt. Wir überlegten nicht lange und suchten uns die schönste Arbeit heraus. Offensichtlich waren das alles Handarbeiten, denn keine Skulptur glich der anderen.

Jetzt hatten wir, was wir wollten, nun brauchten wir nur noch Lebensmittel. Einmal durch den Supermarkt geschlendert, Kathrin packte ein, was sie brauchte, und wir waren fertig für die Heimfahrt.

in Cagayan d´Oro

Jeepney-Park

Auf einem unserer Wege waren wir auch an einem Obst- und Gemüsemarkt vorbei gekommen, in dem wir noch Mangos, Bananen und Rambutan kauften. Dabei fiel mir eine Riesenfrucht auf. Ich fragte Kathrin, was das wohl sei und bekam zur Antwort: eine Stinkfrucht oder auch Durian genannt. Die Frucht an sich war wohl an die zwei Kilogramm schwer. Kathrin sagte, dass sie fürchterlich stinkt, aber gut schmeckt. Sie war sehr teuer, aber ich wollte sie probieren. Die Verkäuferin zerteilte eine Frucht und packte das Fleisch in eine Polystyrolschale. Im Verhältnis zur Größe der Frucht ist der Anteil des Fruchtfleisches eher sehr mager. Es macht etwa ein Fünftel aus. Hätte ich gewusst, was ich erst auf der Basis erfuhr, als wir sie essen wollten, hätte ich wahrscheinlich nur ein Stück im Laden probiert. Egal.

Am frühen Nachmittag holten wir unsere gekauften Sachen bei den verschiedenen Aufbewahrungen ab und lenkten unsere Schritte zu einer Stelle, die sich als Jeepney-Haltestelle entpuppte. Dort warteten wir eine Weile auf das richtige Auto, das uns zurück nach Balingasag bringen sollte. Diesmal war es ganz schön eng dahinten drin. Alle Leute wollten von der Arbeit in der Stadt nach Hause auf das Land, und dann noch wir und einige andere mit ihrem Gepäck. Ein Fahrgast reiste sogar mit einem Campingstuhl, den der eine oder andere sitzende Mitfahrer auf den Schoß bekam, je nachdem, wie Platz war. Zum Teil saßen fremde Leute sogar aufeinander. Niemand wurde an der Straße stehen gelassen, alle kamen mit, egal wie. Dazu kam, dass diese

Verkehrsmittel alle auf die kleinen Philippinos zugeschnitten sind und wir so schon wenig Platz zum Sitzen hatten. Es war schon wieder eine neue Erfahrung für uns.

In Balingasag stiegen wir aus, richteten unsere Knochen und stiegen auf eine Fahrradriksha um. Ich machte von allen Verkehrsmitteln, die wir benutzten, ein Foto. Sobald ich den Fotoapparat zückte, begann ein lautes Begeisterungsgeschrei und die Leute schmissen sich förmlich ins Bild. Dieses Dreirad, die Fahrradriksha, brachte uns dann zu den Mozarellas, wie wir die umgebauten Motorräder nannten. Die Mozarellas sind Motorräder, um die ein Gestell gebaut ist, um so zirka acht Fahrgäste zu befördern. Solch ein Mozarella brachte uns dann zum Markt von Balingasag, wo Kathrin nach frischem Fisch Ausschau hielt.

Am Markt angekommen, stiegen wir aus. Selbstverständlich machte ich auch von diesem Gefährt ein Bild. So wie ich den Fotoapparat zückte, stellten sich die Männer hinten auf dem Markt in Position. Überall spielte sich das gleiche Spiel ab.

Fahrradriksha-Station

in Balingasag

Motorella, genannt: Mozarella

Papaya-Plantage

Nach dem Mittagessen probierten wir gleich die Stinkfrucht. Wir waren damit schon auf der Fahrt überall aufgefallen. Es stank bestialisch aus einem unserer Beutel. Wir öffneten die Verpackung und wollten uns jeder ein Stück nehmen, da merkten wir, dass in dem sowieso schon wenigen Fruchtfleisch auch noch ziemlich große Kerne stecken. Damit hatten wir also für etwa drei Esslöffel Obst 3,- Euro bezahlt, außerdem war das nicht unbedingt unser Geschmack. Jemand hat wohl einmal über die Durian gesagt, dass sie teuflisch stinkt, aber himmlisch schmeckt. Mit der ersten Aussage waren wir durchaus einverstanden, aber die zweite traf nicht zu. Rainer meinte zu dem Thema: wenn man nur dreimal probiert hat, könnte man nicht mehr aufhören. Ich konnte das nicht glauben.

Am Abend vertrieben wir uns die Zeit noch einmal mit Skat und Ramsch. Der Abendhimmel sah vielversprechend aus.

fantastische Abendstimmung

Die ganze Nacht hatte es geschüttet, bis in den frühen Morgen hinein. Trotzdem rief jemand ziemlich früh: Die Eier sind fertig! Es gab jeden Morgen Spiegeleier, dazu Pfannkuchen und geröstetes Weißbrot. Bei diesem Ruf musste ich ja aufstehen. Es hatte zwar aufgehört zu regnen, aber von Sonne war weit und breit nichts zu sehen. Ich war enttäuscht, jetzt hatten wir schon so lange kein schönes Wetter mehr. Auf die Wasserqualität wirkt sich der viele Regen auch nicht günstig aus, das Wasser wurde immer trüber. Zum Frühstück lichtete sich der Himmel jedoch. Er wurde blau und die Sonne strahlte, als hätte sie gemerkt, dass ich mit meiner Geduld am Ende war.

Schönes Wetter hieß meistens, dass es nach White Island ging, so auch an diesem Tag. Die beiden Tauchgänge waren ein weiteres Mal nicht sehr erfolgreich, dafür gestaltete sich die Oberflächenpause umso aufregender.

Tauchfahrt nach White Island

Fischer auf Jagd

Wie wir so da saßen und uns den Kuchen und den Kaffee schmecken ließen, begann an einer Stelle etwas weiter weg, das Wasser zu schäumen. Dort war ein Schwarm Fische an der Oberfläche unterwegs.

Bei schönem Wetter sind die Fischer wie die Guppys, die sich einen guten Fang im Bereich der Riffe erhoffen. Sie sahen das Brodeln genauso wie wir und schon begann das Schauspiel. Sofort wurden die Motoren gestartet und nichts wie hin zu den Fischen. Da hatten natürlich die Fischer auf ihren Booten ohne Motor das Nachsehen. Sie mussten sich mühsam voran paddeln und kamen meistens doch zu spät.

Wenn die Fischer die Stelle erreicht hatten, warfen sie ihre Angelschnüre aus und hofften, dass die Fische anbeißen. Von diesem Auflauf hielten die Fische wiederum nicht viel und suchten sich eine neue Stelle, an der sie ihr Spiel trieben. Sobald sie sich wieder zeigten, starteten wieder die Motoren und wieder fuhren alle dorthin. Es war wie bei einer Rallye. So ging das bald eine Stunde. Heute waren die Fische besonders aktiv, denn sie freuten sich anscheinend ebenso über das schöne Wetter wie wir.

Es scheint logisch, dass ein Fang mit hinter dem Boot hergezogenen Angelschnüren nicht sehr erfolgversprechend ist. Daher praktizierte man bis vor ein paar Jahren noch die Dynamitfischerei, bei der einfach eine Ladung Dynamit zwischen die Fische geworfen wurde. Diese brauchten dann nur noch eingesammelt zu werden. Das ist heute verboten, weil auf die Art und Weise alles Leben in dem Bereich vernichtet wird, außerdem nahmen die Korallen großen Schaden.

Das Benutzen von Netzen bei dieser Art von Fischerei ist auch nicht angebracht, weil sich die Boote bei dem Durcheinander in den Netzen verheddern würden. Immer, wenn wir den Fischern bei ihrer Arbeit, tags wie nachts, zusahen, konnten wir ihr schweres Los erfassen. Die Meere sind überfischt, vor allem durch die großen Trawler. Es gibt nur noch wenig Fisch und den versuchen die Fischer auch noch mit Angelschnüren zu fangen. Der Ertrag kann nicht weit reichen. Vor zehn Jahren oder so sah das Fischerleben sicher noch freundlicher aus.

Als wir auf der Basis zurück waren, zog sich der Himmel schon wieder zu. Für unsere Mittaucher Klaus und Diether waren das die letzten Tauchgänge, denn sie mussten am nächsten Tag nach Hause fahren.

bei Flut war es etwas komplizierter, das Boot oder den Strand zu erreichen

45

Für den Abend bekamen wir eine Einladung zu einem philippinischen Fest. Joy, die Frau von Karl-Heinz, der vor ein paar Tagen angekommen war und der Verbindungsmann von Jürgen und Rainer in Deutschland ist, lud uns alle ein. Eine ihrer zahlreichen Schwestern, bei denen es einen Altersunterschied von bis zu dreißig Jahren gibt, feierte ihren Schulabschluss. Das eigentliche Fest findet erst am nächsten Tag statt. Doch in Anbetracht dessen, dass unsere beiden Mittaucher nach Hause fahren und wir am nächsten Morgen wieder nach Mantigue fahren wollten, wurde extra für uns ein Abendessen gegeben. Mir war es etwas unangenehm, eine irgendwie höfliche, aber weit hergeholte Einladung anzunehmen. Wir hatten ja damit überhaupt nichts zu tun. Nur weil wir gerade mit Karl-Heinz zusammen sind, soll diese Einladung auch für uns gelten? Rainer sagte auf meine Bedenken, dass das schon in Ordnung geht. Joys Vater hat ziemlich gut Geld, ihm tut das nicht weh. Zudem sieht es immer gut aus, wenn ein Philippino viele Gäste hat, dazu noch Ausländer. Wie wir auch noch erfuhren, arbeitete er einmal für die Tauchbasis, bis er den Job wegen seines Rheumas aufgeben musste. Heute hat er das Arbeiten auch nicht mehr nötig, denn Joy und Karl-Heinz halten die Familie aus. Joys Eltern haben ein großes, massives Haus und alles, was das Leben „lebenswert" macht. Nach diesen Argumenten konnte ich nur noch Ja sagen. Das war eine neue Gelegenheit, Land und Leute aus nächster Nähe kennen zu lernen.

Alle, die wir da waren, Jürgen mit seiner Frau Esther, Rainer mit seiner Frau Kathrin und alle Tauchbasis-Gäste, fuhren so gegen 19 Uhr zu der Familie. Die meisten Leute standen schon vor dem Haus und warteten auf uns. Wir wurden sehr herzlich und ein bisschen neugierig aufgenommen, zu Tisch gebeten und mit dem sehr gut zubereiteten Fleisch eines frisch geschlachteten Schweins bewirtet. Dazu reichte man Reis und auch Fischkoteletts. Alles schmeckte hervorragend.

Während wir so saßen und es uns schmecken ließen, wurden wir neugierig und tuschelnd von den Einheimischen beobachtet. Joys Vater hat eine große selbstgebaute Einbauküche mit fließendem Wasser im Haus, das von einem Brunnen stammt. Dort hielten sich viele der Leute auf und sahen uns zu. Der andere Teil saß im abgetrennten Wohnzimmer und unterhielt sich. Es ist hier üblich, dass Frauen und Männer getrennt sitzen und sich unterhalten.

Als wir fertig gegessen hatten, mischten wir uns vorsichtig unters Volk im Wohnzimmer. Jetzt legte Winson, so heißt Joys Vater, eine Kassette in seine Stereoanlage ein. Als erstes erfreute er uns mit dem Hit „Mambo Nr. 5", der hier an jeder Ecke den ganzen Tag lang zu hören ist. Bei uns zu Hause war er schon eine Weile aus der Mode. Als nächstes folgten die guten alten Oldies und Samba-Rhythmen. Dazu wurden wir mit Bier und Tanduay-Cola bewirtet. Zwei Frauen tanzten und versuchten immer, uns auch zu einem Tänzchen zu ermuntern. Wie die Deutschen so sind, sie trauen sich immer nicht. Nur unser Mittaucher Klaus, Jürgen und Karl-Heinz konnten sich aufraffen. Viele verzogen sich auch gleich nach draußen, damit sie ja nicht aufgefordert werden. Es ging jedenfalls ganz schön lebhaft zu.

Nach gut drei Stunden, das ist auf den Philippinen die maximale Besuchszeit, haben wir uns sagen lassen, verließen wir die gastliche Runde. Wir bedankten uns für das gute

Essen und den freundlichen Empfang und fuhren wieder nach Hause. Winson wird wohl von diesem Abend noch lange stolz berichten. Für uns war es eine willkommene und interessante Abwechslung.

Wir frühstückten noch alle auf der Tauchbasis zusammen, ehe wir getrennte Wege gingen. Klaus und Diether mussten heute nach Hause fahren und Karl-Heinz blieb auf der Basis, um bei der Feier seiner Schwägerin dabei zu sein. Rainer, Klaus, Lin-Lin, eines der Hausmädchen und ich fuhren nach Mantigue. Diesmal wollten wir etwas länger auf der Insel bleiben, als die drei Tage, die sonst üblich sind.
Dani und Lituy hatten inzwischen schon unsere Sachen auf das Boot gebracht. Wir brauchten nur noch aufsteigen und los ging die Fahrt. Vor einer Bucht der Insel Camiguin ankerten wir. Klaus und ich sollten uns hier erst einmal umsehen, bevor wir nach Mantigue weiterfuhren.
Wir machten uns also fertig und sprangen bei schönstem Sonnenschein ins Wasser. Wir sollten die Küste entlang tauchen, die hier bis zu einer Tiefe von dreißig Metern abfällt. Man würde uns dort abholen, wo wir wieder auftauchen.
Dort, wo wir abtauchten, war nicht viel zu sehen. Ich dachte so bei mir, dass das nicht gerade aufregend sei. So tauchten wir also weiter nach unten. Der Hang fällt sanft ab, bis sich unten nur noch Sand ausbreitet. Wir schwenkten nach links und langsam begann es irgendwann doch noch interessant zu werden. Immer an der Dreißig-Meter-Kante entlang gleitend, tauchten wir, bis Zeit zum Umkehren war. Auf der halben Tiefe wollten wir den Hang in umgekehrter Richtung erkunden.
Wir waren gerade dabei aufzutauchen, als Klaus mich am Arm zog und mir etwas zeigen wollte. Ich konnte nicht gleich erkennen, was das war, dann aber war die Überraschung groß. Dieses Etwas entpuppte sich als wunderschöne, große Sepia. Vorsichtig näherten wir uns, aber sie hielt immer einen kleinen Abstand. So wie wir uns ihr näherten, zog sie sich zurück und wechselte dabei mehrmals ihre Farben. Das ging ganz langsam und vorsichtig vonstatten. Es war ein wunderschönes Erlebnis, diese Sepia war wirklich groß und das Farbenspiel fantastisch. Wir freuten uns über diese Begegnung sehr. Es ist äußerst selten, dass man diese Tiere so intensiv erleben kann. Wenn sie sich nicht gerade bewegt hätte, als Klaus in ihre Richtung sah, wären wir auch glatt an ihr vorbei getaucht. So ist es mit vielen Dingen. Wenn sie sich nicht in dem Moment bewegen, in dem man hinsieht, findet man sie nicht. Außerdem haben die Sepias, wie viele andere Meerestiere, gerade Paarungszeit. Dann kommen sie auch in die Riffe, sonst leben sie im offenen Meer.
Irgendwann mussten wir dann von ihr lassen, unsere Luft ging langsam zu Ende. Weiter oben entdeckten wir mehrere neue Barscharten und Schnecken, eine winzige helle Seenadel und eine Wächtergrundel mit ihrer Garnele. Diese beiden letzten Arten sind unzertrennlich, weil sie aufeinander angewiesen sind. Die Garnele hält die Höhle der beiden in Schuss, die Grundel passt auf sich und die Garnele auf.

Also, das letzte Stück war dann doch noch interessant geworden. Wir tauchten endgültig auf und das Boot holte uns ab, dann nahmen wir das letzte Stück der Fahrt in Angriff. Wir waren wieder auf der Paradiesinsel.

ein Stück Küste von Camiguin

Mantigue

fünf Tage tauchen und relaxen

Unterwasserwelt wie in einem Meeresaquarium

riesige Korallenblöcke

Antennenfeuerfisch neben Feuerkoralle

Diadem-Seeigel

Eidechsenfisch

Rundarmseestern

Kissenstern

Blauer Seestern

Federsterne

Noch bevor wir zu Mittag aßen, machten wir unseren zweiten Tauchgang an der Wand direkt hinter dem Ankerplatz des Bootes. Dort war das Wasser durch den vielen Regen der letzten Tage jetzt nicht mehr so klar wie beim ersten Mal, trotzdem konnten wir uns über die allgemeine Sicht wirklich nicht beschweren. Ein Stück weiter unten an der Steilwand wurde es aber dann doch etwas unheimlich.

49

Tischkoralle

eine traumhafte Welt

Nach dem Mittag schrieb ich mein Tagebuch weiter und vervollständigte das Logbuch. Am Nachmittag, als die Sonne nicht mehr so hoch stand, starteten wir zu unserem zweiten Inselrundgang. Mini-Brownie, der kleine Hund, der in unserer Hütte wohnt, leistete uns dabei Gesellschaft. Er machte unsere Spaziergänge immer gerne mit, da sah er auch einmal etwas anderes als nur die Hütte.

Auf unserem Weg entdeckten wir im strandnahen Wasser einen großen Haufen kleiner Seesterne. Es waren sehr viele, die meistens zu zweit übereinander lagen. An einer anderen Stelle hatten die Einheimischen im Wasser einen kleinen Bereich mit Steinen abgegrenzt, in dem sie die gesammelten Schnecken hielten, um sie zum Fischen zu verwenden.

Der Strand, der gegenüber von Camiguin liegt, ist kein sehr schönes Gebiet, da dort alles Treibgut angeschwemmt wird.

Wir waren gerade zu dreiviertel um die Insel herum gelaufen, als es zu regnen anfing. Kurz vorher war eine große Regenwolke über die Vulkane von Camiguin gekrochen, die uns sehr schnell erreicht hatte. Wir suchten unter dem dichten Blätterwerk einer Schraubenpalme, einer Pandan, Schutz. Nach ein paar Minuten hörte der Regen so schnell wieder auf, wie er gekommen war und wir konnten unseren Spaziergang beenden.

Mini-Brownie, süß aber frech   bunte Fischerboote auf weißem Sand

Gerade war Ebbe und vor der Hütte lagen zwei Sandbänke trocken, die wir jetzt erkunden wollten. Wir zogen unsere Füßlinge an und balancierten durch die Seeigelkolonien zur ersten Sandbank. Das Wasser reichte uns gerade bis zur Mitte der Oberschenkel, die Sandbank war also ohne Badezeug zu erreichen.

Die Sandbank selbst besteht aus Korallenbruch. An deren feuchten Rändern fanden wir abertausende kleine Schlangensterne, die sich unter den Steinen vor der Sonne und der Trockenheit zu schützen suchten. Sonst hielten sich nur noch kleine Einsiedlerkrebse auf dem Sand auf. Es lohnte sich also nicht, auch noch die zweite Sandbank zu besuchen.

Nach dieser Runde gönnten wir uns erst einmal einen Kaffee. Mini-Brownie war fix und fertig und lag stundenlang platt wie eine Flunder in der Ecke. Solch einen langen Spaziergang hatte er wohl selten gemacht.

Am Abend stand mein erster Nachttauchgang an. Ich war skeptisch, nachdem ich mich schon in Kroatien verweigert hatte. Da das Tauchgebiet am Boot sehr flach ist und ich es schon zweimal am Tag gesehen hatte, ließ ich mich überreden. Ich konnte doch Klaus nicht schon wieder enttäuschen. Außer uns beiden war im Moment niemand da und Rainer wollte nicht mitgehen. Es war noch nicht ganz dunkel, als wir ins Wasser sprangen, was mir die Sache etwas einfacher machte. Das Wetter ließ zu wünschen übrig. Seit dem späten Nachmittag zogen einige Windböen über uns hinweg, die aber immer wieder nachließen.

Lituy gab uns unsere Ausrüstung heraus und wartete, dass wir nach dem Tauchgang wieder an Bord kamen. Als wir im Wasser waren, band Klaus als erstes seinen Blitzer an das Ankerseil, der uns als Orientierung dienen sollte. Dann tasteten wir uns langsam vor. Es gab nicht viel zu sehen, als wir die Riffkante erreichten. Klaus tauchte noch etwas tiefer, ich hielt mich auf der Höhe der Kante in etwa fünf Metern auf. Die meisten Lebewesen hatten sich zum Schlafen ein Versteck gesucht. Gerade eine für uns neue Barschart konnten wir finden. Hier und da lugte eine rot-weiße Putzergarnele aus den Korallen oder der ein oder andere Kugelfisch schwamm an uns vorbei. Nach dem, was wir von anderen Nachttauchern erfahren haben, verlief unser Tauchgang eher enttäuschend. Vielleicht waren wir zu früh unterwegs. Die tagaktiven Tiere waren schlafen gegangen, die Nachttiere noch nicht unterwegs. So richtig wohl fühlte ich mich in meiner Haut auch nicht. Klaus ließ sich nicht beirren und stöberte nach Herzenslust. Nach etwa einer viertel Stunde wollte ich umkehren und mich im Flachwasserbereich noch etwas umsehen. Wenn wir an der Riffkante entlang tauchen würden, müssten wir eigentlich wieder zum Boot kommen. Den Blitzer sahen wir schon lange nicht mehr. Er besaß bei dem undurchsichtigen Wasser nicht so eine enorme Reichweite, wie wir es gehofft hatten. Irgendwann tauchte er dann doch wieder auf und ich war froh.

In den nächsten Minuten stöberte Klaus ziellos in der Gegend umher, ich blieb an seiner Seite. Dabei fanden wir noch zwei riesige Einsiedlerkrebse. Ich konnte nur staunen, solch eine Größe hatte ich nicht für möglich gehalten. An einer anderen Stelle lag eine sehr große Nacktschnecke am Boden. Sie war dunkelrot mit einem metallisch blauen Rand. Irgendwie ist wohl nachts alles viel größer, als das, was man am Tage findet, hatte ich das Gefühl.

Der Wind und die Wellen hatten inzwischen zugenommen. Das hatten wir schon unter Wasser gemerkt. In den paar Metern Tiefe schaukelten wir ganz schön hin und her.

Nachdem wir zurück an Bord waren, legten wir die Ausrüstung ab und verstauten sie. Die Anzüge behielten wir bei der Kälte an, denn wir mussten uns zu Fuß zurück zum Strand arbeiteten, wo Rainer auf uns wartete. Das Wasser war jetzt stockduster. Hier und da blitzte das Plankton auf, ständig nesselte es an meinen Händen und am Boden konnte ich auch nicht sehen, auf was ich trat. Es war gruselig. Ich machte mir ständig Sorgen um die Seesterne und Seeigel, auf die ich treten könnte. Am Tag war das kein Problem, da konnte man sehr leicht bis auf den Grund sehen und ausweichen.

Ich war heilfroh, als ich den trockenen Sand unter meinen Füßen hatte. Rainer konnte unschwer erkennen, dass das nichts für mich ist, denn er ist auch kein begeisterter Nachttaucher.

Das Abendbrot war schon fertig, als wir in der Hütte ankamen. Bei einer Tanduay-Cola als Schlaftrunk erzählten wir noch eine Weile vom Nachttauchen, dann gingen wir ins Bett.

In dieser Nacht schlief ich sehr unruhig, außerdem starb ich fast an Herzschlag. Mitten in der Nacht, es war stockdunkel, schepperte es fürchterlich im Vorraum unserer Hütte. Ich dachte mir, dass jemand mit samt dem Tisch umgefallen wäre, dann waren lauter sehr leise Geräusche zu hören. Ich traute mich gar nicht, nachzusehen. Klaus konnte ich ebenso wenig hochbekommen. Vielleicht hatte sich ein Einheimischer eingeschlichen und alles umgeschmissen, weil er nichts sah. Da waren ja auch noch die leisen Geräusche. Weil sich von uns niemand rührte, suchte er vielleicht weiter nach Verwertbarem. Ständig sah ich zu unserer Kabinentür, in der nur eine Gardine hing. Wenn der Einbrecher jetzt hier auftaucht? Ich konnte so gut wie nichts erkennen. Dann drehte ich das Fenster ein wenig zu, damit ich hören konnte, wenn sich jemand daran vergriff. Ich bekam jedenfalls eine ganze Weile keine Auge mehr zu, bis mich der Schlaf irgendwann wieder in seine Arme nahm.

Wenn den Einheimischen so etwas passiert, denken sie bestimmt an die Wak-Waks. Das sind Geister-Menschen, die sich in irgendwelche Tiere verwandeln und Unheil stiften. Sie wohnen tief im Wald und kommen nachts heraus. Neben dem zivilisierten Glauben der Philippinos ist auch der Naturglaube noch stark verwurzelt. Immer und überall gibt es Geister, die zudem meistens böse sind. Zum Beispiel erzählte uns Karl-Heinz von anderen Geistern, die in bestimmten Baumstämmen sitzen und auf die Menschen lauern. Es gibt einen Baum, dessen Stamm sich mit zunehmendem Alter des Baumes langsam auflöst und am Ende nur noch eine netzartige Struktur besitzt. Darin verstecken sich diese Geister und die Menschen trauen sich nicht näher als fünfhundert Meter an einen solchen Baum heran. Karl-Heinz war wohl einmal mit Einheimischen auf einer Tour. Sie ließen ihn glatt stehen, als sie solch einen Baum sahen, und Karl-Heinz musste alleine weiter gehen.

Um 5 Uhr spielte sich das Gleiche noch einmal ab. Wieder fiel alles durcheinander, diesmal in der Küchenecke. Wieder bekam ich fast einen Herzschlag. Mein Herz rast dann immer wie verrückt und es dauert eine ganze Weile, bis es sich beruhigt.

Endlich fing es zu dämmern an, es war nicht mehr ganz so dunkel und draußen regte sich langsam das Leben. Die ersten Leute waren schon aufgestanden. Deshalb kam ich jetzt schneller wieder zur Ruhe und ich konnte noch eine Weile schlafen, das heißt, bis die Hähne ihr morgendliches Konzert anstimmten.

Entsprechend schlaftrunken stand ich gegen 7 Uhr auf. Zum Frühstück fragten wir Rainer, was das wohl gewesen sein könnte. Er meinte, dass es eine Katze war, die zwischen den Sachen herumschlich und dabei einiges mit sich riss. Bei den leichten Holzhütten ist jedes kleine Geräusch eine Katastrophe. Beim zweiten Mal hatte die Katze einen Teil des Geschirrs herunter gerissen, das auf der Bank stand.

Um 8 Uhr fuhren wir zum Boreas-Riff. Die Strömung, die uns den letzten Tauchgang vermiest hatte, hatte sich verzogen. Dafür war die Sicht heute nicht so gut. Der Anker lag diesmal an der richtigen Stelle, direkt an der Riffkante.

Mantigue vor Camiguin

fertig machen zum Tauchen

Wir tauchten ab und waren von einer fantastischen Unterwasserwelt umgeben. So viele Fische, Korallen und Gorgonien wie nirgendwo bisher empfingen uns dort unten. Um uns tummelten sich Makrelenschwärme, große Süßlippen, extra große Trompetenfische und eine Unmenge anderer Fische. Ich hatte das Gefühl, dass an dieser Stelle alles etwas größer und schöner ist als anderswo.

Zu meinem Leidwesen kam ich wieder nicht so schnell hinunter, wie ich das wollte. Klaus und Rainer tauchten an der Riffkante immer weiter ab. Als sie sahen, dass ich oben hängen blieb, fragten sie, was los sei. Ich zeigte auf mein Ohr und sie verstanden mein Problem. Ich bedeutete ihnen, dass sie ruhig ihren Weg gehen sollten, ich bleibe solange oberhalb von ihnen. Nur langsam stieß ich zu den beiden und als ich dort angekommen war, war für sie schon wieder Zeit zur Umkehr. Ganz langsam stiegen wir auf und genossen diese herrliche Unterwasserlandschaft in vollen Zügen.

Zur Oberflächenpause hatte sich ein kleines Tauchboot mit japanischen Gästen von der Insel Camiguin eingefunden. Wenig später gesellten sich noch Fischerboote hinzu. Auf einem dieser Boote befand sich ein Apnoetaucher. Apnoe heißt, ohne Gerät zu tauchen. Er harpunierte für die zahlende Gesellschaft extra große Fische.

Da wir für diesen Tag noch nichts zum Mittag hatten, wollten wir mit einem schönen Fisch zurückkommen. Dani tauchte ebenfalls, wenn genügend Fische vorhanden waren. Das kam allerdings nicht so oft vor. Heute durfte er wieder einmal seinem Hobby frönen. Er hatte sogar eine Harpune dabei und wollte uns eine von den schönen großen Süßlippen fangen, die wir auf dem Tauchgang gesehen hatten. Nach einer Weile kam er jedoch erfolglos zurück. Beim zweiten Tauchgang bot sich Klaus an, sein Glück zu versuchen.

Die japanischen Taucher hatten sich inzwischen wieder verabschiedet, aber die Fischer beobachteten uns weiter neugierig.

Nach zwei Stunden Oberflächenpause machten wir unseren zweiten Tauchgang. Der viele Besuch unter Wasser und die Jagdversuche hatten die Fische verunsichert. Die meisten großen Fische waren weg oder hielten gebührenden Abstand. Da konnte Klaus mit seiner kleinen Harpune nicht mehr viel anfangen. Nur unter einem kleinen Felsvorsprung hatte sich ein ausreichend großer Zackenbarsch versteckt. Der war Klaus aber zu klein, er hoffte immer noch auf „den" Fang.

ein Tempo-Thun für das Mittagessen

54

Nachdem wir wieder an Bord waren, fragten wir den Apnoetaucher, ob er uns einen seiner Fische verkauft. Wir bekamen einen kleinen Thunfisch, der trotzdem für zwei Mahlzeiten reichte. Für diesen Tempo-Thun, wie diese Art heißt, bezahlten wir knapp 7,- Euro. Der Fisch wog etwa vier bis fünf Kilogramm. Die Koteletts des Thuns gab es frittiert zum Mittag. Das war gut!

Nach dem leckeren Mittagessen schrieben wir unsere Logbücher und ich mein Tagebuch, dann starteten wir zu einem weiteren Inselrundgang.

Während dieses kleinen Rundganges, der im Normalfall immer so an die zwanzig Minuten dauert, mussten wir diesmal zwei Schattenpausen einlegen. Wir waren ziemlich früh aufgebrochen und die Sonne stand noch zu hoch. Das war einfach nicht so lange auszuhalten.

Wassertaxi

Lange vor unserem Urlaub auf den Philippinen hatte ich irgendwo einmal erfahren, dass man Seeigel essen kann. Vor unserem Strand gibt es sie zu tausenden und wir wollten sie probieren. Ich fragte Rainer, ob es sich einrichten ließe und er sprach mit Lin-Lin darüber. Heute Abend gingen wir also Seeigel sammeln.

Eine Nachbarin, die sich Lin-Lin angeschlossen hatte, brachte einen Plastiksack mit und ging voraus, ihr hinterher Lin-Lin und dann ich.

Ich dachte, wir würden uns gleich vorne an ein paar große Seeigel suchen. In einem Film hatte ich einmal gesehen, dass das ganze Gehäuse voller Fleisch wäre. Deshalb betonte ich immer wieder, dass wir nicht so viele Seeigel benötigen. Wir wollten ja nur einmal kosten.

Diese Nachbarin lief und lief, ich wusste nicht, wo sie noch hin wollte. Inzwischen waren wir schon um die Sandbänke herum, als sie endlich anfing zu sammeln. Irgendetwas musste an diesen Seeigeln anders sein, als an den vielen anderen, an denen wir schon vorbeibalanciert waren. Größer sind sie jedenfalls nicht gewesen. Die meisten gesammelten Seeigel waren Diadem-Seeigel, die mit den langen schwarzen Stacheln, aber auch kurzstachelige Arten wurden eingesackt. Die meisten Arten kann man wohl essen.

Wieder betonte ich, dass die Nachbarin nicht so viel sammeln soll, der Sack war schon halb voll. Dann endlich, nach einer ganzen Weile kehrten wir um. Im nächsten

Arbeitsschritt ließen die Nachbarin und Lin-Lin ein wenig Wasser in den Sack und fingen an, diesen zu schütteln. Zwischendurch wurde immer mit ein wenig Wasser nachgespült, wobei viel lila Farbe austrat. Durch das Schütteln bricht man die langen Stacheln ab.

Dann wurde es spannend, denn nun folgte der dritte Arbeitsschritt. Die Seeigel wurden aufgebrochen, die Schale ist sehr dünn. Der grobe Inhalt wurde ausgespült und entfernt und übrig blieb: eine winzige Menge gelbes Fleisch am Schalenrand, das eigentlich die Eier sind. Sozusagen hatten wir Kaviar vom Seeigel gesammelt.

Ich bekam gleich das erste Stück angeboten. Sehr skeptisch versuchte ich es und war angenehm überrascht. Ich hatte von einer schleimigen, sehr salzigen Masse erzählen gehört, aber das entsprach überhaupt nicht der Wahrheit. Es schmeckte, hm... wie winzigster Kaviar eben.

sammeln von Seeigeln

Delikatesse

abbrechen der Stacheln

Seeigel für das Abendessen

Seeigel puhlen   philippinische Gaslampe

Nach und nach wurden alle gesammelten Seeigel ausgenommen, die Schalen blieben liegen. An den Resten würden sich die Strandkrabben gütlich tun. Von dem halben Sack Seeigel blieben am Ende nur etwa zehn Esslöffel Fleisch übrig, das es dann zum Abendbrot gab. Da stellte ich jedoch fest, dass das Fleisch nicht mehr so gut war, wie ganz frisch aus der Schale. Jetzt wusste ich auch, warum so viele Seeigel gesammelt wurden.

Jedenfalls hatten wir mit unserer Aktion eine regelrechte Seeigel-Sammel-Hysterie auf der Insel ausgelöst. An den folgenden Abenden war mindestens ein Fünftel des Dorfes im Wasser unterwegs. Vielleicht hatten wir ein verlorengegangenes Hobby neu belebt oder der ein oder andere glaubte, uns ein paar Seeigel verkaufen zu können. Die Philippinos sind sehr geschäftstüchtig und sehr aufmerksam, wie ich schon einmal gesagt habe.

Der Mond ging an diesem Abend sensationell auf, dazu war Vollmond. Leuchtend gelbrot stieg der Mond direkt vor unseren Augen aus dem Meer hoch und zog eine leuchtende Spur vom Horizont zum Strand durch das Wasser. Durch diesen goldenen Streifen glitt dann ganz ruhig die schwarze Silhouette eines kleinen Fischerbootes. Es war ein traumhaftes Bild.

Als der Mond ganz oben stand und hell strahlte, tauchte er Mantigue in ein helles Licht. Es war fast wie bei den weißen Nächten im Norden unserer Erde. Diese Atmosphäre lud uns geradezu zu einem zweiten Inselrundgang des Tages ein. Trotzdem es so hell war, war mir unser Weg nicht ganz geheuer, vor allem, nachdem wir den Bereich des Dorfes verlassen hatten. Viele unbekannte nächtliche Geräusche verunsicherten mich, die vorzugsweise aus dem Wald kamen. Auf der Rückseite der Insel konnten wir tagsüber noch ungehindert am Strand spazieren gehen. Jetzt war das Wasser gestiegen und hatte den Großteil des Strandes überschwemmt. Wir mussten über umgestürzte Bäume und Sträucher klettern, die mir am Tage nicht aufgefallen waren. Es war gespenstisch und ich war froh, als wir unsere Hütte erreicht hatten.

Rainer saß derweil mit den Einheimischen zusammen und unterhielt sich mit ihnen, so gut es ging. Wir setzten uns dazu und schon fing ein allgemeines Sprachenlernen an.

Wir lernten Englisch und Tagalog, die philippinische Sprache, die hier gesprochen wird, und die Einheimischen lernten Deutsch und Englisch. So verging der Abend.

Am Nachmittag vorher waren Dani und Lituy mit dem Boot nach Balingasag zurück gefahren. Sie sollten die Tauchflaschen füllen und Karl-Heinz abholen. Klaus und ich wollten an diesem wunderschönen Tag eine Camiguin-Rundfahrt unternehmen. Rainer hatte schon ein Boot organisiert, das uns nach drüben bringen sollte, und ein Auto für die Rundfahrt gemietet.

Wir standen daher früh auf, etwa um 8 Uhr ging es los. Der Vermieter unserer Hütte und seine Frau brachten uns nach Camiguin. Sie hatten wohl den Tag lang dort drüben zu tun.

Ganz schön unsicher und vorsichtig bestiegen wir das schmale Boot. Wir hatten schon mehrfach gehört, wie leicht diese kleinen Auslegerboote kentern. Nachdem jeder einen Sitzplatz gefunden hatte, ging es los. Die Frau stakte das Boot zuerst durch das Flachwasser. Als wir dann mehr Tiefgang hatten, wurde der Motor gestartet. Durch den Fahrtwind wehte uns eine leichte Brise um die Nase und nach ein paar Minuten landeten wir an einem Strand in der Nähe der Stadt Camiguin. Hier war das Wasser so flach, dass wir auf unserem Weg vom Boot zum Strand nur bis zu den Knöcheln nass wurden.

 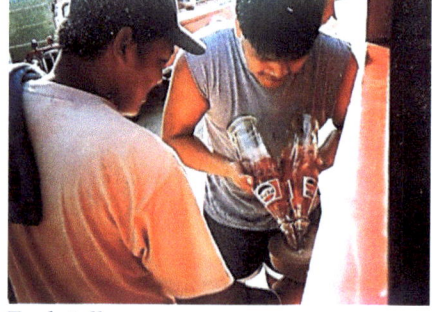

Camiguin voraus   Tankstelle

Wir bedankten uns bei unseren beiden Fahrern und stiegen in ein Mozarella, das uns zum Hafen von Camiguin brachte, wo schon eine etwas größere Ausgabe dieses Gefährtes auf uns wartete. Alles lief wie abgesprochen, wir staunten.

Nach ein paar Metern hielt unser Gefährt an einem Kiosk. Wir dachten erst, unser Fahrer wollte noch etwas Wegzehrung mitnehmen, doch damit hatten wir weit gefehlt. Er kam zwar mit Pepsi-Cola-Flaschen aus dem Laden, aber darin befand sich keine Cola, sondern Sprit für das Vehikel. Wir mussten erst einmal lachen. Unbeirrt kippte ein Angestellter aus dem Laden eine ganze Kiste „Pepsi-Cola" in den Tank. Danach konnte es losgehen.

Unser erstes Ziel war der Katibawesan-Wasserfall. Schon nach ein paar Kilometern immer an der Küste Camiguins entlang, bogen wir nach links in das Inselinnere ab.

Nun quälte sich unser Vehikel bergan. Bald hört die befestigte Straße auf und es ging auf einem ausgefahrenen Weg voran, der uns etwa vier Kilometer weit in den Wald führte. Auf dem letzten Stück hüllte uns nur noch der Urwald ein. Der Weg wurde schmaler und hatte manchmal steile Kurven. Dann kamen wir an einen Platz, hinter dem ein Zaun mit einem Häuschen steht. Da waren wir wohl angekommen.

Wir stiegen aus und gingen durch die geöffnete Tür. Das geringe Eintrittsgeld wollte erst einmal niemand haben. Wir gingen weiter bis zu einer weiteren Hütte, aber auch dort trafen wir keinen, der unser Geld entgegen nahm. Dann wurde der Blick auf den Wasserfall frei. Seine Höhe mag wohl um die siebzig Meter betragen. Das Wasser fällt unten in ein Bassin. Es ist nicht gerade ein atemberaubender Anblick, aber der Ausflug lohnte sich trotzdem. Im Bassin standen ein paar Leute, die gerade den ganzen Sand heraus schaufelten, der sich im Laufe der Zeit angesammelt hatte. Einer der Verantwortlichen kam gleich auf uns zu und erzählte dies und das. Dann meinte er, wir sollten doch einmal hingehen und das gute, saubere Wasser probieren. Das taten wir auch und konnten somit gleich unseren Durst löschen.

Katibawesan-Wasserfall

Nachdem wir genug Eindrücke von dem Wasserfall in uns aufgenommen hatten, spazierten wir wieder zum Eingang zurück. Jetzt hatte sich jemand gefunden, bei dem wir unseren Eintritt bezahlen konnten. Von einer Parkplatzgebühr, die nun von uns verlangt wurde, hörten wir zum ersten Mal.

Wir ruckelten also den gleichen Weg wieder zurück, den wir gekommen waren. Auf der Hauptstraße angekommen, steuerten wir die seismologische Station des heute noch tätigen Vulkans Hibok-Hibok an. Diese Station ist als Museum für die Öffentlichkeit zugänglich. Die Überwachung des Vulkans läuft elektronisch. Die manuellen Geräte, die früher verwendet wurden, sind abgeschaltet, nur eines davon arbeitet noch zu Anschauungszwecken.

Der Hibok-Hibok, 1332 Meter hoch, ist ein bösartiger und einer der gefährlichsten Vulkane der Erde. Er wird vor allem wegen seiner explosionsartigen Gaseruptionen gefürchtet. Erst vor fünfzig Jahren, am 4. Dezember 1951, nach monatelanger Aktivität, kostete eine solche heiße Gaswolke auf dem Weg nach Mambajao fünfhundert Menschen das Leben.

Wieder bogen wir von der Küstenstraße nach links in den Wald ab. Auf etwa halber Höhe des Vulkanhanges stellte unser Fahrer das Gefährt ab. Die Station hatte sogar geöffnet und wir durften sie uns von innen ansehen. Gleich im ersten Raum stehen zwei Computer, die heutzutage die Überwachung übernehmen. Da gibt es keine komplizierten Geräte mehr. Einer der Angestellten zeigte uns auf einem der Bildschirme verschiedene Ansichten des Hibok-Hibok, sowie auch anderer philippinischer Vulkane.

In dem anderen zugänglichen Raum stehen die alten Geräte und hängen Tafeln an den Wänden. Die Tafeln künden von den verschiedenen Eruptionstypen, gleich mit Aufnahmen der entsprechenden Vulkane weltweit dazu. Außerdem gehören zur vulkanischen Aktivität auf der Erde ebenso die Erdbeben und die Flutwellen dazu. Manche Ausbrüche haben wirklich verheerende Folgen. Da ist der leichte Ascheregen, den der Mayon gegenwärtig versprüht, eine Lappalie. Trotzdem alles in englischer Schrift ist, konnten wir doch viel den Bildern und Übersichten entnehmen. Diese Ausstellung ist sehr interessant.

Als wir unseren Rundgang beendet hatten, gingen wir wieder nach draußen und genossen den Blick hinunter zur Küste. Dort unten liegt Mambajao, die Stadt, die damals nur knapp einer Katastrophe entkommen ist. Die Gaswolke hatte Mambajao knapp verfehlt. Wir mussten uns wohl gerade auf der Bahn befinden, die die Gaswolke vor fünfzig Jahren genommen hatte. Da bekommt man schon ein leichtes Kribbeln in die Glieder.

Der Vulkan selbst war im Moment nicht zu sehen, denn seine Spitze wurde von einer dicken Regenwolke eingehüllt.

philippinischer Straßenbau   seismologische Station Hibok-Hibok

Ich hatte bereits gesagt, dass ich hoffe, eine Wanderung auf seinen Gipfel machen zu können. Die Sache wurde dadurch noch interessanter, da sich dort oben ein Kratersee befindet. Sicher hätte sich das organisieren lassen, aber uns wurde davon abgeraten. Der Aufstieg wäre zu anstrengend und wir wären zwei Tage unterwegs, hieß es. Klaus und ich hätten uns einen Guide nehmen müssen, der uns dort hinauf bringt. Klaus verlor deshalb gleich die Lust an der Sache und ich musste schweren Herzens nachgeben. Ich konnte mich nun nur noch damit trösten, dass ich vielleicht doch einmal irgendwo anders auf der Erde an einem Kraterrand stehen würde.

Unser nächstes Ziel waren die heißen Quellen, die Ardent-Hot-Springs. Dort wollten wir nach zwei Tagen Salzwasser wieder frische Menschen aus uns machen. Unsere Bade- und Duschsachen hatten wir mitgenommen.

Als wir den Eingang zu der wirklich großen Anlage erreichten, die einiges mit einem Kurviertel gemeinsam hat, fing es gerade an zu regnen. So hatten wir uns das nicht vorgestellt, aber wir wollten ohnehin nass werden.

Nach dem Bezahlen des Eintrittsgeldes suchten wir die Duschen auf. Dort zogen wir uns um und gingen anschließend zu dem aus Natursteinen hergestellten Pool. Der besteht aus zwei Becken, in denen das heiße Wasser aufgefangen wird. Nachdem das Wasser diese zwei Becken passiert hat, wird es in einem Bach fortgeleitet.

heiße Quellen

sehr schöne Anlage

mit Erholungspark und Pools

Im unteren Becken ist das Wasser klar und lauwarm. Dort hielten wir uns eine kleine Weile auf, dann stiegen wir in das obere Becken, in dem das Wasser schon um einiges wärmer ist. Hier ließen wir uns so richtig gut durchwärmen. Aus dem Hang kommt eine Quelle, deren Wasser so heiß ist, dass man kaum darunter fassen kann. Rainer erzählte, dass man früher hier in der Quelle nicht baden konnte. Heute wird ein Bach mit in den Pool geleitet, dessen kaltes Wasser das heiße Wasser auf eine erträgliche Temperatur abkühlt. Es war jedenfalls herrlich. Wir badeten bei Badewassertemperatur und über uns regnete es.

Nach etwa einer Stunde füllte sich das Bad mit Einheimischen und wir hielten es für besser, den Rückweg anzutreten. Wir waren auch genug durchgeweicht. Nach der abschließenden Dusche fühlten wir uns wie neu geboren. Jetzt hat das Salzwasser der nächsten zwei Tage wieder Platz auf unserem Körper. Auf Mantigue haben wir nur das Meerwasser zum Waschen.

Rainer hatte jetzt Hunger und Appetit auf ein Brathähnchen. Er hielt es nicht lange ohne etwas zu essen aus. Wenn wir dagegen auf einem Tagestrip sind, dann reicht uns irgendwann ein kleiner Snack. Aber, wenn wir schon einmal dabei sind, ein Brathähnchen haben wir auch schon lange nicht mehr gegessen.

Unser Fahrer sollte uns zu einer Kneipe mit guten Brathähnchen bringen. Dafür fuhren wir eine kurze Strecke des Weges auf der Hauptstraße zurück nach Mambajao. Dort hielt er vor einem Lokal in einer Seitenstraße. Wir gingen hinein und erfuhren, dass wir mindestens eine halbe Stunde auf unser Hähnchen warten müssten. Zum Glück gibt es um die Ecke noch eine Brathähnchenkneipe. In dieser bekamen wir gleich, was wir begehrten. Das Hähnchen war wirklich lecker, dazu Sojasoße mit Piri-Piri, diese extra kleinen Chillis, und Cola. Wir ließen es uns schmecken.

Nach diesem guten Mahl setzten wir die Rundfahrt fort. Nun ging es immer um den Hibok-Hibok herum, das heißt, seinem alten Krater an der Küste und seinem neuen Krater etwas weiter im Inneren der Insel. Leider gaben uns die Wolken immer noch keine Sicht auf seine Spitze frei, wenn die jetzt auch keinen Regen mehr trugen.

einer der sieben Vulkane auf Camiguin

Gefährt für die Inselrundfahrt

Direkt vor dem Hang des alten Hibok-Hibok, im Wasser, liegt ein versunkener Friedhof. Dort führen gelegentlich Tauchfahrten hin, aber man soll nur noch wenig sehen. Ein großes blau-weißes Kreuz hält die Erinnerung an den Friedhof wach und einmal im Jahr fahren die Leute mit ihren Booten zu der Stelle, um zum Gedenken Blumen und Schwimmkerzen dem Meer zu übergeben.

Hier hinten, auf der anderen Seite, der westlichen Seite von Camiguin, kommen nur selten Fremde vorbei. Es gibt keine ausgebaute Straße und die Menschen leben noch etwas rückschrittlicher als ihre Nachbarn auf der östlichen Seite der Insel. Die größeren Orte liegen alle im Osten.

Am Eingang einer Hütte saßen zwei Affen, die auf Camiguin wild leben. Die beiden fristen ihr Leben offenbar als Haustiere.

Etwas weiter auf unserem Weg kamen wir an einer alten Kirche aus spanischer Zeit vorbei. Ein Vulkanausbruch hat sie vor langer Zeit zur Ruine gemacht.

Schon sind wir an unserem nächsten Ziel angekommen, den Sto. Niño-Cold-Springs. Wie schon auf dieser Fahrt gewohnt, führt ein holpriger Waldweg zum Ziel. Wir bezahlten unseren Eintritts-Obolus, das Gefährt durfte diesmal umsonst parken.

kalte Quellen

ebenfalls eine sehr schöne Anlage

Danach traten wir in eine wunderschöne Anlage ein, die ein Sommerparadies für Reiche sein könnte. Zentrum der Anlage ist der große Pool aus Natursteinen und Mörtel. In seinem Inneren treten mehrere kalte Quellen aus der Erde. Das überschüssige Wasser läuft über eine Art breite Rutsche mit Hindernissen wieder ab. Über dem Pool, auf einem Hang, stehen mehrere schöne Hütten, die sicher zu mieten sind. Neben dem Pool befindet sich ein großer Platz, mit mehreren Grillhütten, wo man sich im Schatten entspannen kann. Kioske dürfen natürlich nicht fehlen, damit auch für das leibliche Wohl gesorgt ist. Am liebsten wäre ich ein paar Tage dort geblieben und hätte so eine Hütte bewohnt, mit Blick über das alles. Mir gefiel diese Anlage ausnehmend gut.

Wir suchten uns einen Platz in einer der Grillhütten und tranken etwas, um unseren Durst zu löschen. Zwei Hütten weiter tummelte sich die Jugend ihrer scheinbar reichen Eltern. Erkennungsmerkmal: so gut wie jeder hat ein Handy dabei. Sie kamen sich furchtbar wichtig vor.

Irgendwann mussten wir uns dann doch von diesem Paradies trennen. Unsere Camiguin-Rundfahrt war schon fast zu Ende. Es war nicht mehr weit bis zu der Stelle, an der unser Boot um 16 Uhr wartete. Langsam wird die Gegend wieder freundlicher, hier und da gibt es einen Strand, an denen die Fischer ihre Boote und ihre Ausrüstung in aller Ruhe für den nächsten nächtlichen Fang vorbereiten.

Ach ja, das hatte ich am Anfang der Beschreibung unserer Inselrundfahrt vergessen. Bevor wir unser Gefährt bestiegen, konnten wir einen Blick in das Hafenbecken von Camiguin riskieren. Wir hatten schon erzählt bekommen, dass vor noch nicht allzu langer Zeit eine Fähre beim Beladen gekentert war. Wahrscheinlich war erst die eine Seite der Fähre beladen worden, ehe die weitere Ladung auf der anderen Seite ihren Platz finden sollte. Schon die kleinste Welle hatte daher ausgereicht, das Schiff zum kentern zu bringen. Da kein Mensch das Geld und die Mittel hat, die Fähre zu bergen, liegt sie noch heute mit samt der Ladung kieloben im Hafenbecken und blockiert den Anleger.

Eines habe ich bei unserer Rundfahrt auf der Vulkaninsel Camiguin, sie beherbergt allerdings nicht weniger als sieben Vulkane bei etwa vierzig Kilometer Länge, festgestellt: die Landschaft ist sehr viel grüner als anderswo. Das kommt daher, dass es auf dieser Insel sehr viel regnet. Es gibt also zwei Gründe für mich, die gegen eine Niederlassung meinerseits auf Camiguin sprechen – die unmittelbare Nähe zu einem aktiven Vulkan und der Regen. Wenn man die Insel nur besuchen will, dann hat sie schon einige interessante Ecken zu bieten, wie wir uns selbst überzeugen konnten.

Zudem haben wir unsere Kenntnisse auf botanischem Gebiet um zwei Baumarten erweitern können. Auf dem Weg um Camiguin trafen wir auf Kakaobäume und Mangobäume. Es ist doch immer wieder auffallend, wie lang hier in den Breiten die Erntezeiten ausgedehnt sind. Während die einen Bäume einer Art noch blühen, können die anderen schon geerntet werden. Genauso haben wir jetzt die Erklärung für die immergrüne Vegetation in den südlichen Ländern. Vor unserer Hütte in Balingasag stehen zum Beispiel sogenannte Etagenbäume. Sie heißen so, weil ihre Äste etagenweise angeordnet sind. Während die unteren Äste innerhalb weniger Tage nacheinander verwelken, sind die oberen noch grün. Wenn dann die Blätter abgefallen sind, wachsen sie innerhalb von nur zwei Wochen nach und die Prozedur setzt sich nach oben hin fort.

Unser Wassertaxi brachte uns nun zurück nach Mantigue, wo wir erst einmal einen Kaffee tranken, während wir über die hinter uns liegende Rundfahrt erzählten. Das war ein wundervoller Tag, an dem wir wieder ein Stückchen mehr über das Land und seine Menschen erfahren haben.

Mangroven

Rückfahrt nach Mantigue

Zum Abend hatte ich Lin-Lin und Dani gebeten, mir eine Pandan-Frucht zu besorgen, damit ich sie probieren kann. Die Pandan sind die schon erwähnten Schraubenpalmen, deren Früchte wie riesige Ananas aussehen und orange leuchten. Sie stachen uns schon bei der Ankunft auf Mantigue ins Auge. In unserem Philippinen-Abenteuerhandbuch hatte ich gelesen, dass die Früchte essbar sind, zumindest bei den Arten, die in Strandnähe wachsen. Man braucht nur die dicke Schale zu entfernen, um an die essbaren Teile heran zu kommen. Wir wollen doch alles probieren, was für uns erreichbar ist.

Es dauerte auch nicht lange, als Lin-Lin mit einem Stückchen Pandanfrucht in den Händen und einem Messer um die Ecke kam. Sie kratzte vor meinen Augen einen winzigen Kern heraus. Das sollte alles sein, was man von dieser riesigen Frucht essen kann? In jedem der Knubbel steckt offenbar ein solcher winziger Kern und es ist zudem noch äußerst mühevoll, diesen da heraus zu bekommen. Ich fragte noch einmal nach, ob sich das tatsächlich so verhält und bekam wieder eine bejahende Antwort. Das konnte und wollte ich den beiden nicht antun. Also stimmte die Beschreibung in unserem Buch nicht. Da hätte stehen müssen, dass sich der Aufwand zum Nutzen überhaupt nicht rentiert. Ich gab Lin-Lin und Dani zu verstehen, dass sie das weitere Bohren nach

Pandan-Schraubenpalme

den Kernen lassen sollen und bedankte mich sehr für ihren guten Willen.

Da wir gerade bei wilden Früchten sind. Hauptbestandteil unseres Essens war unter anderem eine zarte Grünpflanze namens Malunggay, deren Blättchen in vielen Suppen als Einlage dienen. Nach dem Essen bekamen wir oft Jackfrucht gereicht. Das ist die größte, auf Bäumen wachsende Frucht der Erde, die allerdings weniger meinen Geschmack trifft. Es ist etwas, was nicht Obst und auch nicht Gemüse ist. Die Spalten des Fruchtfleisches sehen wie heller Paprika aus und schmecken irgendwie säuerlich gemüseartig, aber auch obstartig, und besitzen eine eigenartige Konsistenz. Ich wusste jedenfalls nicht so richtig, als was ich das essen sollte und beließ es damit bei einer Probe.

Eine ganze Weile später, es fing schon an dunkel zu werden, kam Lin-Lin mit einem Schüsselchen um die Ecke. Darin befanden sich ein paar winzige stabartige Nüsse. Ich fragte, was das sein sollte und bekam zur Antwort: Talisay. Das sind die Früchte des Etagenbaumes.

Nachdem ich sie probiert hatte, sie schmecken richtig nach Nüssen, fragte mich Lin-Lin, ob ich noch mehr davon haben möchte und ich bejahte. Inzwischen hatte sich ein jugendliches Mädchen Lin-Lin angeschlossen, dessen Namen ich schon nicht verstehen, geschweige denn behalten konnte. Den beiden schloss ich mich nun an. Da ich in der Nähe unserer Hütte solche Etagenbäume gesehen hatte, dachte ich, dass wir zu diesen gehen würden. Wieder hatte ich weit gefehlt. Es war gerade keine Saison, also auch keine Nüsse an den Bäumen. Wo aber wollten sie dann mit mir hin? Das ganze Dorf sah uns immer hinterher, wenn wir unterwegs waren. Mich störte das wenig, wir sind eben Exoten.

Schon wieder waren wir um die halbe Insel herum gelaufen und an dem Platz herausgekommen, an dem sich das Treibgut stapelt. Meine beiden Begleiterinnen begannen gleich, zwischen dem angeschwemmten Holz und den Kokosnussschalen zu suchen. Ich fragte mich, was das sollte. Hier und da sammelten sie kleine ovale, abgetrocknete „Früchte" auf. Ich wollte mitsammeln und zeigte auch gleich das Ergebnis meiner Bemühungen vor, aber ich hatte die falschen Nüsse gesammelt. Sie schüttelten die Köpfe, also ließ ich sie alleine weitersammeln.

Als sie ein paar Hände voll gefunden hatten, suchten die beiden einen alten, angeschwemmten Stamm heraus und hackten die Nüsse mit dem Messer auf. Wieder war der Ertrag im Verhältnis zur Größe der Nuss mehr als mager, aber ein paar gezielte Hiebe und der Kern ist herausgelöst. Das andere Mädchen ging da sehr geschickt zu Werke. Lin-Lin versuchte es auch einmal, aber ließ es schnell wieder sein. Ihr fehlte diese Geschicklichkeit und ich versuchte es erst gar nicht. Das wäre bei der Dämmerung, die schon herrschte, doch zu gefährlich. Ich besitze diese Treffsicherheit nicht und das Messer war scharf.

Nachdem alle Nüsse geknackt waren, machten wir uns auf den Rückweg zur Hütte und schon wieder war ich um eine Erfahrung reicher.

An diesem Morgen standen wir ein weiteres Mal besonders früh auf. Karl-Heinz war gestern Nachmittag hier eingetroffen. Unser Ziel für den Tag war das Boreas-Riff und wir versprachen ihm viele große Fische. So viele hatte er in seinen Zeiten auf den Philippinen bisher auch noch nicht gesehen. Jetzt hätte er Glück.

Leider konnten wir das Versprechen nicht halten. Wir sichteten nur drei große Fische, die sich auch noch sehr im Hintergrund hielten. Dazu trat das Plankton in Massen auf und die Sichtweite hatte sich verschlechtert. Die Bedingungen waren also nicht mehr so ideal wie an den Tagen zuvor, was sehr schade war. Es war aber der erste Tauchgang nach meiner Erkältung, bei dem ich keine Druckausgleichsprobleme und keine Schwindelgefühle hatte. Das musste ich ausnutzen, denn ich wollte auch einmal sehen, was es weiter unten interessantes gibt.

Klaus und Rainer tauchten wie immer voran, Karl-Heinz und ich hinterher. Es ging immer tiefer, über vierzig Meter zeigte der Tiefenmesser. Der Boden war übersät mit kleinen gelben Würmern. Etwa bei einundfünfzig Metern gibt es eine schmale Terrasse im Hang. Klaus war schon dort unten und suchte nach Besonderem. Ich hielt mich in 46,4 Metern, meinem persönlichen Rekord, auf und beobachtete Klaus. Der gab mir Zeichen, dass ich herunter kommen sollte. Ich traute mich nicht so recht, als ganz langsam eine Schildkröte aus ihrem Versteck kam. Ich freute mich natürlich und wollte Rainer und Karl-Heinz rufen, die schon abgedreht hatten und auf dem Weg nach oben waren. Da dies alles nicht schnell genug ging, verschwand die Schildkröte mit steigendem Tempo in der Tiefe. Dann mussten auch Klaus und ich nach oben, um nicht in die Dekozeit zu rutschen.

Als wir an Bord waren und uns Danis Kuchen und Kaffee schmecken ließen, beratschlagten wir, ob wir hier einen zweiten Tauchgang machen sollten oder ob wir zum Korallengarten in der Nähe von Mantigue fahren. Der Tauchgang war, bis auf die Schildkröte, so enttäuschend, dass wir uns für den Korallengarten entschieden. Ein zweites Mal so tief zu gehen, war an dem Tag sowieso ausgeschlossen.

Wir gönnten uns noch eine kleine Pause, bevor wir wieder ins Wasser stiegen. Der Anker lag direkt an einem Abhang. Das Riffdach befindet sich in etwa sechs Metern und das Wasser ist hier glasklar. Auf dem Riffdach sieht es wie im Märchen aus: viele kleine Korallen, dazwischen nicht zu große Sandflächen, dazu bunte Fische und Schnecken ohne Ende.

Am Hang war dagegen nicht so viel zu sehen, ab knapp dreißig Metern breiten sich nur noch Sandflächen aus. Ich stöberte in den Korallen und Klaus suchte den Sandboden ab. Dann wurde er fündig und rief mich zu sich. Ich kam heran und wusste nicht, was ich sagen sollte. Da guckte ein Schlangenaal aus dem öden Sand, nur sein Kopf war zu sehen. Seine Augen drehten sich hin und her. Auf solch einen Fisch hatte ich die ganze Zeit gehofft, jetzt durfte ich auch noch dieses Vergnügen haben. Womit hatte ich bloß so viel Glück verdient. Der Schlangenaal ist ein weiterer Vertreter der Unterwasserwelt, den kaum einer zu sehen bekommt. Meine Freude kannte keine Grenzen.

Wir lagen eine ganze Weile um den Schlangenaal herum und beobachteten ihn. Nun gesellte sich Karl-Heinz zu uns, als er gemerkt hatte, dass wir nicht folgen. Irgendwann wurde es uns jedoch zu langweilig. Dieser Schlangenaal rührte sich nicht von der Stelle, verschwand nicht einmal in seinem Loch. Deshalb setzten wir unseren Tauchgang gemütlich an der Unterseite des Hanges fort, wo einzelne Korallenstöcke mit ihrem vielfältigen Leben in der Landschaft stehen.

Langsam arbeiteten wir uns dann in umgekehrter Richtung nach oben und genossen noch eine Weile den Korallengarten. Dieser Tauchplatz hat seinen Namen zu Recht.

Wir waren schon früh vom Tauchen zurück und aßen entsprechend früh zu Mittag. Es gab vegetarische Gerichte, da das Fleisch und der Fisch ausgegangen waren.

Als die Sonne nicht mehr gar so hoch stand, starteten Klaus und ich zu einem Schnorchelgang, den wir uns schon lange vorgenommen hatten. Wir holten also unsere Ausrüstung vom Boot und los ging es. Gleich zu Anfang huschte eine kleine Muräne vor meinen Augen in ihr Versteck. Das ging so schnell, dass ich gar nicht ausmachen konnte, was für eine Art das war. Ansonsten trafen wir auf die kleinen bunten Korallenbarsche, Anemonenfische, Seesterne und natürlich Seeigel.

Eigentlich wollten wir bis zu der Inselspitze mit dem Treibgut schnorcheln, aber als wir den Kanal zu Camiguin erreichten, wurde die Strömung so stark, dass wir nicht mehr dagegen ankamen. Klaus brach seinen Schnorchelgang ab, zog die Flossen aus und wollte an Land gehen. Dummerweise war ich zu schnell und hatte mich meiner Flossen auch schon entledigt. Ich konnte mit meinen Füßen kaum den Grund erreichen, als Klaus sagte, dass das ein Fehler war. Die Strömung riss uns beinahe mit. Klaus konnte bald vernünftig gehen, da er etwas länger als ich ist. Ich dagegen musste alle meine Kraft zusammennehmen, damit ich nicht fortgetrieben werde. Mit den letzten Enden meiner Zehenspitzen im Boden Halt suchend, die schweren Flossen in der Hand, stakste ich mich langsam gegen die Strömung zum Strand. Völlig außer Atem kam ich dort an, froh, nicht irgendwo im offenen Wasser zu treiben.

Nachdem wir uns etwas ausgeruht hatten, suchte ich Talisay-Nüsse, die ich mit Klaus knacken wollte. Er war ja am letzten Abend nicht mit uns gekommen und ich wollte sie ihm zeigen. Es war nicht ganz einfach, noch welche zu finden. Nur fünf Stück fanden wir im Sand. Dann suchten wir einen Baumstamm und Klaus versuchte, sie mit meinem Tauchermesser zu öffnen. Das hört sich einfacher an, als es war. Klaus haute immer wieder daneben oder die Hiebe waren nicht kräftig genug. Endlich kam er doch an den begehrten Inhalt heran. Die zweite Nuss wollte ich öffnen. Schon beim dritten Mal hatte ich mir in den Daumen gehackt, glatt durch den halben Daumennagel durch. Damit hatte sich dieses Thema für mich erledigt. Es war nicht sehr schlimm, aber ich musste mich erst einmal setzen. Die beste Medizin in solchen Fällen, die sich bei mir schon mehrmals bewährt hat, ist Spucke. Ich lutsche also solange an meinem Daumen herum, bis es aufhörte zu bluten. Das desinfiziert und schließt die Wunde.

Wir ließen die restlichen Nüsse liegen, nahmen unsere ABC-Ausrüstung und machten uns auf den Weg zur Hütte, wo wir erst einmal einen Kaffee tranken.

Wie wir da so saßen, kamen auf einmal zwei ältere Pärchen am Strand vorbei, Deutsche. Das war eine Überraschung. Der eine Mann war Arzt und hatte eine afrikanische Frau, augenscheinlich eine Massai, an seiner Seite. Sie war sehr schwarz und wurde ziemlich entgeistert von den Einheimischen betrachtet. Deren Ideal ist es, eine weiße Haut zu haben, so wie wir. Jetzt kam auf einmal solch eine tiefschwarze Frau daher. Das war ihnen wohl nicht geheuer.

Dann beobachteten wir zwei Fischerboote weiter draußen auf dem Wasser. Sie waren auf Hornhechtjagd, wie wir erfuhren. Dabei fahren zwei Boote, die zwischen sich eine mit kleinen Fähnchen gespickte Schnur herziehen, eine ganze Weile nebeneinander her. Die Hornhechte, die sich ausschließlich an der Oberfläche aufhalten, werden dadurch vor der Schnur hergetrieben. Irgendwann fahren die Boote dann aufeinander zu und bilden dabei mit der Schnur einen Kreis. Die Hornhechte sind darin gefangen. Dann werfen die Fischer ein Netz aus, springen selbst ins Wasser und treiben die Fische mit klatschenden Bewegungen ins Netz. Die Hornhechte sind dann auch schon so weit geschwächt, dass sie keinen Widerstand mehr leisten.

Kurz vorm Einsetzen der Dämmerung hatten die Fischer ihre Arbeit geschafft und kamen zurück. Ganze zwei Hornhechte waren die Ausbeute, die jedoch eine stattliche Größe hatten. Jeder von ihnen wog an die zwei Kilo. Lituy und Rainer holten sich einen davon, dessen frittierte Koteletts wir uns zum Abendbrot schmecken ließen. Den Rest gab es gebraten zum nächsten Mittag, mit oder ohne Gemüse angerichtet.

Dieser Abend war für einen weiteren Nachttauchgang reserviert, den nur Klaus und Karl-Heinz nutzten. Nach meinen unschönen Erlebnissen vor ein paar Tagen hatte ich keine Lust, mich schon wieder auf solch ein Abenteuer einzulassen, zudem war die Wasserqualität weiter schlechter geworden. Ich begleitete die beiden noch bis zum Boot, wartete dann aber am Strand, um die Sache auf dem Trockenen zu verfolgen. Das hieß jedoch nicht, dass ich mich bei dieser Dunkelheit dort wohler gefühlt hätte.

Abenddämmerung

Rainer kam einmal kurz vorbei, ging dann aber wieder, nachdem er mir erzählt hatte, dass er den deutschen Arzt zu seinem Vermieter bringen wolle, weil der krank war. Damit wollte er auch einmal etwas für ihn tun, um sich für seine Bemühungen um uns erkenntlich zu zeigen. Eine Hand wäscht die andere.

Karl-Heinz und Klaus waren inzwischen unter Wasser, Lituy wachte wie immer auf dem Boot. Eine ganze Weile war von den beiden nichts zu sehen, sie tauchten wohl ein Stück die Wand hinunter. Ich wollte ein paar Schritte um die Ecke gehen, aus dem Bereich der Hüttenlichter heraus, um mir den Sternenhimmel anzusehen. Ich kam jedoch nicht weit, denn je weiter ich ging, umso massiver rasselte es im Sand. Ich konnte absolut nichts erkennen, dachte nur bei mir, dass jetzt Hunderte von Strandkrabben unterwegs sein müssen. Außerdem waren da wieder die Geräusche aus dem Wald. So schnell ich konnte, kehrte ich um und setzte mich auf den Baumstamm, der am Strand liegt und an dem das Boot festgemacht ist, im Bereich der Hüttenlichter. Dort kam ich mir aber wie auf dem Präsentierteller vor. Deshalb setzte ich mich auf den Zaun, der hinter dem Strand um die Schule gezogen ist. Ja, es gibt sogar eine Schule und Tagesstätte auf der Insel, für die kleineren Kinder. Die weiterführende Schule befindet sich auf Camiguin.

Nachdem ich dort eine Weile gesessen hatte und mich ganz still verhielt, schlich irgendein Tier über das Schulgelände. Ich hatte keine Lust, mich anfallen zu lassen und setzte mich dann doch wieder auf meinen Baumstamm. Jetzt konnte ich die Lichter der Tauchlampen sehen, was hieß, dass es nun nicht mehr lange dauern konnte, bis Klaus und Karl-Heinz ihren nächtlichen Tauchgang beendeten. Viel gesehen haben sie diesmal auch nicht, obwohl sie entgegen aller Nachttauchregeln bis über fünfundzwanzig Meter gegangen waren.

Auf dem Rückweg leuchteten wir vor unseren Füßen her. Überall flüchteten die Strandkrabben. Die meisten von ihnen waren einiges größer, als die, die man tagsüber sehen kann. Sie holen sich den verwertbaren Abfall, der über den Tag so angefallen ist.

Wir standen ein weiteres Mal besonders früh auf und es war schon so früh besonders heiß. Nach dem Frühstück war das Boreas-Riff unser Ziel. Diesmal hatten wir zwei Gäste an Bord, die beiden Frauen, die gestern mit ihren Männern angekommen waren. Die ältere Dame wollte tauchen lernen. Sie war auf Camiguin schon mehrmals schnorcheln und begeistert von der Unterwasserwelt. Jetzt wollte sie mit uns mitfahren und sehen, wie das so abläuft.

Bevor wir auf das Boot gingen, fragte uns Rainer, ob wir schon die Windpocken gehabt hätten. Klaus hatte sie wohl schon, ich dagegen noch nicht. Ich fragte, warum er das wisse wolle. Der Arzt hätte beim Vermieter unserer Hütte bei seinem gestrigen Besuch die Windpocken festgestellt. Vielleicht haben wir uns angesteckt, als er uns vor zwei Tagen mit dem Boot nach Camiguin brachte, das fehlte noch. Die Inkubationszeit für Windpocken beträgt drei Wochen, dann würde ich schon sehen. Machen kann man da eh nichts.

Mit unserem Tauchgang am Boreas-Riff hatten wir diesmal echt Pech. Es herrschte bis zur Riffkante hinunter ein regelrechtes Schneegestöber, so viel Plankton war unterwegs. Dazu hatte die Strömung um einiges zugenommen und ständig nesselte uns irgendetwas. Am Hang ließ die Strömung dann zwar etwas nach und wir konnten uns in Ruhe umsehen, aber es war nicht viel los, die Unterwasserwelt war sozusagen ganz schön öde. Wir konnten unseren Gästen also nicht viel erzählen. Ein besonders schöner Abschluss war das für unseren Mantigue-Aufenthalt auch nicht, denn es war unser letzter Tauchgang von dieser paradiesischen Insel aus.

So fuhren wir zurück zur Hütte. Bis zum Mittag hatten wir noch etwas Zeit. Zuerst packten wir unsere Sachen zusammen, dann setzten wir uns ein letztes Mal vor die

Hütte und nahmen noch einmal alles um uns herum besonders aufmerksam auf. Irgendwie fiel uns der Abschied von diesem unbeschwerten, sehr einfachen Leben schwer. Wir hätten es gut noch eine Weile so ausgehalten, aber leider hat ja bekanntlich alles einmal ein Ende.

Abschied von Mantigue

letztes Mittagessen auf der Paradiesinsel

Zum Mittag gab es nur eine Kleinigkeit. Danach wurden die letzten Sachen auf dem Boot verstaut, während Karl-Heinz, Klaus und ich unverhofft noch einen allerletzten Tauchgang auf Mantigue machen konnten.

Bevor wir losgingen, verabschiedeten wir uns von unseren Nachbarn, die wie immer in der Gemeinschaftshütte saßen. Vor allem würde sich Mini-Brownie in der nächsten Zeit wieder einsam fühlen. Wir hatten ihn alle ins Herz geschlossen, auch wenn er manchmal ganz schön frech war. Bei den Einheimischen hat er deswegen nicht viel zu lachen, sie gehen weniger nett mit ihm um.

Eigentlich sollte es diesen Tauchgang hier nicht mehr geben. Stattdessen wollten wir auf der Rückfahrt nach Balingasag an Camiguins Küste noch einmal abtauchen. Dort, wo Klaus und die anderen beim letzten Mantigue-Aufenthalt ohne mich unterwegs waren und wo es so schön gewesen sein soll. Nun kam ich wegen der steifen Brise, die inzwischen aufgekommen war, nicht mehr in diesen Genuss. Dafür tauchten wir noch einmal an der Wand, vor der unser Boot lag, weil das Wasser dort ruhiger war.

Wir brauchten diesmal nicht zum Boot zurückkehren, sondern durften rund um die Küste tauchen, soweit wir kamen. Das Boot würde uns dort abholen. Dadurch konnten wir uns ein neues Gebiet ansehen, das war auch ganz nett. Ganz gemütlich und nicht zu tief, damit wir möglichst lange Freude an diesem Tauchgang haben, glitten wir um die Küste herum. Wir sichteten diesmal sogar einen Schwarm Yellow-Barrakudas. Diese Barrakudas sind zwar nicht sehr groß, aber immerhin größer als die überall anzutreffenden Gelbschwanz-Barrakudas. Sie schwammen etwas über uns und wir begleiteten sie ein Stück. Schon deshalb hat dieser Tauchgang Spaß gemacht.

Dann kamen wir an einer Sandfläche heraus, auf der sich Röhrenaale aufhalten, das zweite Plus für den Tauchgang.

Als unsere Luftreserven zu Ende gingen, tauchten wir auf und stiegen auf das Boot. Die Rückfahrt dauerte jetzt etwas länger, weil die See ziemlich bewegt war. Das war eine gute Gelegenheit, sich noch etwas auf der Bank lang zu machen und die Augen zu schließen. Auf dem Wasser ist ja bei dem Wetter auch nichts los.

Bye, Bye Magsaysay

letzter Blick auf Camiguin

Hello Mindanao

Das erste, was wir uns angedeihen ließen, als wir auf der Tauchbasis in Mambayan ankamen, war eine herrliche Dusche. Wir konnten nur von Glück sagen, das der Salzgehalt der hiesigen Gewässer nur halb so hoch ist, wie der des Mittelmeeres. Dort verklebt man schon bei einem kurzen Spaziergang an der Luft. Das Salz nach einem Bad im Meer würde sicher nach zwei Tagen eine schöne Kruste auf der Haut bilden. Das ist auf den Philippinen nicht so. Trotzdem merkt man den Unterschied, wenn man eine schöne Süßwasserdusche hinter sich hat.

Zum Abend hatten wir wieder einen der herrlichen Sonnenuntergänge, die man hier erleben kann. Die Farben sind einfach einmalig: dieses hellblau und dieses rosa.

Als es dunkel geworden war, herrschte plötzlich Hochbetrieb indem sehr weit zurück gefallenen Wasser. Der Vollmond macht sich bemerkbar. Viele Leute waren mit Keschern an der Wasserlinie unterwegs und fingen anscheinend Krabben.

Wahrscheinlich wird die Ausbeute nicht sehr erfreulich gewesen sein, wie überall hier. Draußen am strandnahen Riff waren die Boote ebenfalls unterwegs und fischten irgendetwas aus dem Wasser.

Schon bald nach dem Abendbrot gingen wir zu Bett, da wir alle ziemlich müde waren.

Schon um 6 Uhr wurden wir mit Gesang geweckt. Zuerst dachte ich, ich wäre noch auf Mantigue und die Einheimischen säßen in der Gemeinschaftshütte und hätten inzwischen singen gelernt. Nach einigem Überlegen fand ich mich jedoch auf meiner Matratze der Tauchbasis wieder. Nach dem ersten Lied konnte ich ein gemeinschaftliches Gebet vernehmen, an das sich eine nachdenkliche Rede anschloss. Dann folgte wieder Gesang und immer so weiter. Das ging bestimmt über eine Stunde so, an schlafen war nicht mehr zu denken. Ich versuchte, etwas durch die Gaze des Fensters zu sehen. Da standen, ein paar Hütten weiter, schwarz gekleidete Leute. Es hörte sich so an und es sah so aus, als würde dort ein Trauergottesdienst abgehalten. Meine Güte, das hätten sie auch gut eine Stunde später machen können.

Dann kam der Ruf zum Frühstück, dem sich zwei Tauchgänge am Hausriff, das übrigens den Namen Constancia trägt, anschlossen. Für White Island war das Wetter nicht gut genug. Das Unterwasserleben lief hier im Moment, wie schon in den letzten Tagen auf Mantigue, auf Sparflamme ab. Es ließen sich keine größeren Fische sehen. Auffallend waren diesmal nur die Kissenseesterne. Dazu entdeckte ich eine sehr schöne, hauchzarte Anemone. Sie war fast durchsichtig und strahlend weiß mit pinkfarbenen Tentakeln, echt schön. Auf dem zweiten Tauchgang entdeckten wir noch zwei Porzellankrebse, die sich auf einer der unscheinbaren Anemonen aufhielten, die ebenfalls recht niedlich sind.

Zum Nachmittag hatte uns Rainer angeboten, mit uns zum Wasserfall Richtung Cagayan zu fahren. Ich freute mich, nun kam ich doch noch dort hin.

Gleich nach dem Mittag, es war so um 14 Uhr, ging es los. Jemand holte für uns ein Mozarella, das uns zur Hauptstraße brachte, wo wir in ein Jeepney stiegen. Das war wieder so voll, dass wir übereinander sitzen mussten. Dreißig Kilometer waren zu fahren, etwa eine halbe Stunde. Die Einfahrt zum Wasserfall befindet sich im Ort Jasaan. Zum Laufen war der Weg auf die Schnelle zu weit, obwohl ich gerne ein Stück gewandert wäre, aber Rainer wollte nicht laufen. Daher versuchte er gleich von Anfang an, einen fahrbaren Untersatz zu finden, während Klaus und ich schon voraus gingen. Es sollte ein Moped sein, mit denen hier die Touristen hin- und her gefahren werden. Dafür konnte ich mich nun gar nicht begeistern. Wenn es nicht unbedingt sein muss, fahre ich auf keinem motorisierten Zweirad. Dazu sollten wir noch alle drei plus Fahrer auf einem Moped Platz haben. Ich sträubte mich und war froh, als die ersten Mopedfahrer absagten und wanderte weiter. Unser Weg führte uns an Hütten vorbei, durch einen Wald mit Kokospalmen, Bananen und Mangobäumen, sogar kleine Rosenplantagen fanden sich.

Die Kokospalmen reizten Klaus. Nachdem er in Tunesien eine Dattelpalme halb erklommen hatte, wollte er sich nun an einer Kokospalme versuchen. Nur, dass die

Kokospalmen einen reichlich glatten Stamm besitzen und keine Kletterhilfen bieten. Entsprechend fiel dann auch das Ergebnis aus. Klaus schaffte gerade einmal gut zwei Meter.

Der Weg führt immer weiter an einem kleinen Fluss entlang, den wir auch einmal kreuzten. An seinem Ufer lag eine Wasserbüffelkuh mit ihrem Kalb.

Einfahrt zum Sagpulon-Wasserfall

philippinischer Wald mit Kokospalmen

Kletterversuch

Dann endlich kam ein Moped vorbei, dessen Fahrer sich bereit erklärte, uns zum Wasserfall zu bringen. Dieses Moped wird Ballabal genannt, komisch oder? Wir bekamen Anweisung, wer auf welchem Platz zu sitzen hat. Der schwerste musste sich hinter den Fahrer setzen, die leichteste, nämlich ich, durfte ganz nach hinten. Dort konnte ich zwar noch atmen, aber bei jeder Bodenwelle, und es gab eigentlich nur Bodenwellen, musste ich mich krampfhaft am Sitz festhalten, damit ich nicht davon geschleudert wurde. Mit der anderen Hand krallte ich mich bei Klaus fest. Über Stock und Stein manövrierte uns der Fahrer einige Kilometer den Weg entlang. Ich stieß immer wieder Stoßgebete aus, weil ich ständig dachte, dass wir bei voller Fahrt umfallen und wir uns sonst was antun. Der Fahrer erwies sich zu unserem Glück als

Virtuose auf seinem Gefährt. Souverän nahm er alle Hindernisse, obwohl ich die ganze Zeit meinte, dass es so nicht weitergeht und wir doch einmal kontrolliert absteigen würden.

zu viert auf einem Ballabal

Irgendwo im Wald war der Weg zu Ende. Vor uns breitete sich ein Platz aus, hinter dem eine Hängebrücke zu sehen ist. Von hier ab mussten wir zu Fuß gehen. Der Fahrer sollte uns in einer Stunde wieder abholen.

Sagpulon-Wasserfall,
eine ehemalige Badeanlage

Wir spazierten also über die Hängebrücke, stiegen anschließend ein paar Stufen auf und ab, dann führt ein Weg bergauf direkt zum Wasserfall. Um uns herum gab es nur Felsen und Urwald.

75

Wir waren am Ziel angekommen. Dieser Wasserfall hat bestimmt an die einhundert Meter Höhe. An seiner Seite dringen noch weitere, kleinere Wasserfälle aus der Felswand, ein schönes Bild. Das Wasser wird in einem großen Becken aufgefangen. Irgendwie sieht die Anlage wie eine römische Ruinenstätte aus. Tatsächlich existierte hier bis vor einiger Zeit ein Restaurant mit Badebecken, aber die Anlage ist durch einen gewaltigen Steinschlag zerstört worden. Es war bestimmt einmal ganz toll hier. Das Rauschen des Wasserfalls, das Rufen der Tiere aus dem Wald, das Badevergnügen, doch es ist ein sehr feuchter Flecken Erde.

In einem Stück der Felswand, in einer dicken Ascheschicht, nisteten Mauerschwalben oder so etwas Ähnliches. Ich konnte es nicht genau erkennen. Es herrschte geschäftiges Treiben in der Kolonie.

Rainer erzählte, dass er hier sogar schon zwei Affen gesehen hat. Uns blieb dieser Anblick jedoch verwehrt.

Nach einer Weile gesellte sich eine Frau zu uns. Sie hatte wohl etwas mit der Anlage zu tun. Wie sich herausstellte, sind da Bemühungen im Gange, die Gebäude auf der anderen Seite des Wasserfalles wieder herzustellen. Sie hatte ein Buch mitgebracht, in das wir uns einschreiben sollten. In den Gegenden, in denen wir uns bisher aufhielten, um eine Sehenswürdigkeit zu besuchen, ist es üblich, sich neben dem Bezahlen des Eintrittsgeldes auch ins Gästebuch einzutragen. Da im Moment kein offizielles Eintrittsgeld verlangt wurde, legten wir eine kleine Spende bei. Von irgendetwas muss ja der Wiederaufbau der Anlage bezahlt werden.

Nach der verabredeten Stunde holte uns der Ballabal-Fahrer wieder ab und fuhr uns genauso rasant, wie wir gekommen waren, wieder zurück. Wir entlohnten ihn mit einem guten Trinkgeld und verabschiedeten uns. An der Hauptstraße warteten wir dann auf ein passendes Jeepney. Derweil baten mich ein paar junge Männer, die sich in der Hütte an der „Haltestelle" aufhielten, sie zu fotografieren. Ich tat ihnen den Gefallen. Für solche Gelegenheiten wäre eine Polaroid-Kamera nicht schlecht, dann könnte man ein Bild davon abgeben.

Fototermin

fantastischer Sonnenuntergang

Wir standen eine ganze Weile und fanden kein passendes Jeepney für uns. Dafür hielt ein richtiger Bus, der uns mitnahm. Wir bekamen sogar einen Sitzplatz in dem vollbesetzten Bus angeboten. Schon mehrmals beobachteten wir, wie andere Leute für ältere Menschen oder Frauen aufstehen, um ihnen den Platz anzubieten. Bei uns zu Hause kenne ich das nur noch aus meinen Kindertagen.

Der Bus brachte uns nach Balingasag und dann ging es auf gewohnte Weise mit Fahrradriksha und Mozarella zur Tauchbasis nach Mambayan. Wir kamen gerade noch zu einem schönen Sonnenuntergang zurecht.

Unser letzter Abend in diesem Urlaub war angebrochen, morgen Abend müssen wir uns auf den Weg zur Fähre machen. Ich beobachtete ein letztes Mal die großen und kleinen Geckos bei ihrer abendlichen Jagd nach Insekten. Einer der kleinen Geckos fiel dabei auf den Fußboden, direkt vor meine Füße. Es kommt öfter vor, dass diese possierlichen Tierchen den Halt beim Zuschnappen verlieren. Sie liegen dann eine Weile benommen da, dann geht es aber weiter.

Nach dem Abendbrot setzten wir uns wie immer an den Strand, wie immer bei Tanduay-Cola. Ich musste nun doch einmal nachsehen, nach was die Leute am gestrigen Abend im Wasser gesucht haben. Heute war keiner mehr von ihnen unterwegs. Ich schnappte mir meine Lampe und ging los. Im tieferen Wasser habe ich nichts gefunden, deshalb kehrte ich um und sah mich an der Wasserlinie um. Dort fand ich lauter kleine Garnelen. Sie sind ganz platt und fast durchsichtig, viele hatten sich mit einer dünnen Schicht Sand bedeckt. Was wollten denn die Leute mit denen? Die sind doch kaum zu sehen. Es blieb mir ein Rätsel.

Wir saßen an diesem, unserem letzten Abend länger zusammen als sonst. Es stand keine Tauchfahrt für den nächsten Tag an, also konnten wir ausschlafen. Unsere Tauchklamotten hatten wir vom Boot gebracht, gewaschen und aufgehängt. Nun mussten sie noch trocknen, bevor wir sie im Rucksack verstauen konnten.

Zum Mittag erwarteten wir zwei neue Gäste, so ist das. Unser Urlaub geht zu Ende, andere kommen und haben noch den ganzen Urlaub vor sich. Ein wenig traurig war ich schon, dass wir nun wieder nach Hause mussten, in dieses kalte, nasse Wetter. Auf den Philippinen ist das Wetter das ganze Jahr über ideal, nicht zu kalt, nicht zu heiß. Regenzeit heißt auch nicht, dass es den ganzen Tag regnet, dazwischen scheint oft genug die Sonne. Man braucht keine dicken Sachen mehr und überhaupt: wozu braucht man eigentlich das ganze Zeug, was man zu Hause angehäuft hat? Es lässt sich doch viel einfacher leben. Je weniger man hat, umso weniger Geld muss man auftreiben, das alles zu finanzieren.

Der letzte Tag. Wir standen in aller Ruhe auf und frühstückten gemütlich, anschließend wollte ich einen letzten Spaziergang durch die Reisfelder unternehmen. Vielleicht konnte ich doch noch einen Reisbauern mit seinem Wasserbüffel bei der Arbeit fotografieren.

Der Weg, den wir eingeschlagen hatten, hörte an einem Reisfeld auf und führte nirgendwo richtig weiter. Wir entschieden uns, uns auf den Weg durch das Reisfeld zu machen und auf der anderen Seite wieder festen Boden zu erreichen. Auf schmalsten, aufgeschütteten Trampelpfaden balancierten wir vorwärts. Immer wieder gab es Kreuzungen, ab und zu rutschten wir ab und landeten im Wasser. So sehr wir auch Ausschau nach einem passenden Weg hielten, keiner führte uns zu den Bananen oder Kokospalmen. Am Ende hatten wir uns dermaßen verfranzt, dass wir nur noch einen Weg zurück suchten.

Dort, wo wir losgelaufen waren, standen ein paar junge Männer herum. Die beobachten uns die ganze Zeit und fingen schon an, sich über uns lustig zu machen. Ich fand das gar nicht komisch. Die Sonne brannte gerade wieder besonders stark, als würde sie uns am letzten Tag verabschieden wollen. In diesem Moment waren wir weniger froh darüber. Wir sahen beide um die Beine herum wie die bewussten rosa Haustiere aus. Es war ein Wunder, dass wir dort nicht lang hinschlugen.

Irgendwann erreichten wir ungefähr die Stelle, an der wir das Labyrinth betreten hatten. Dabei mussten wir an den Männern vorbei, die sich köstlich amüsierten. Als ginge uns das nichts an, spazierten wir selbstbewusst weiter.

Klaus hatte genug von dem Spaziergang, ihm war auch viel zu warm. Deshalb kehrten wir zur Hütte zurück. Im Moment war Hochwasser und das Meer lud geradezu zum Baden ein. Wir schlüpften in die Badesachen und genossen das kühle Wasser. Direkt baden waren wir hier eigentlich nie. Meistens sind wir nach den Tauchgängen vom Boot gesprungen, um ein paar Runden zu schwimmen, aber baden, nein.

Als wir aus dem Wasser kamen, spazierten wir ein kleines Stück am Strand entlang und nehmen dabei die Einsiedlerkrebse ins Visier. Die sind sehr interessante Beobachtungsobjekte. Wenn das Wasser gefallen ist und der Sand trocken liegt, wandern sie zu Hunderten Richtung Wasser. Einmal hatte ich einen etwas größeren Vertreter aufgehoben. Die Krebse verziehen sich gleich in ihr Gehäuse, wenn ihnen jemand zu nahe tritt. Dann kam er aber wieder heraus und fing gleich an, meinen Finger zu untersuchen. Dieser Krebs legte dabei solche Kraft an den Tag, dass ich ihn erschrocken fallen ließ. Die Tierchen haben sehr spitze Krallen.

Gegen Mittag hatte Jürgen die zwei Neuankömmlinge abgeholt, zwei junge Männer. Als sie eintrafen, gab es gleich Mittagessen. Es war unser letztes Mittagessen und besonders liebevoll zurecht gemacht.

allerletztes, philippinisches Mittagessen

Den Nachmittag verbrachten wir mit Rainer und den beiden Neuankömmlingen bei dem einen oder anderen Schwatz. Die Sonne meinte es sehr gut, das Thermometer zeigte dreiunddreißig Grad. Die hatten wir bisher noch nicht geschafft. In der Sonne war es daher, auch durch die herrschende tropische Feuchtigkeit bedingt, nicht auszuhalten.

Die Abreise rückte immer näher. Ich hatte absolut keine Lust zu fahren, genoss noch einmal die Umgebung in vollen Zügen und dachte an die schönen vergangenen drei Wochen zurück. Endlich packten wir unsere Sachen und erledigten die Abrechnung.

Um 22 Uhr sollte die Fähre abfahren. Jürgen wollte schon um 19 Uhr mit uns losfahren. Normalerweise brauchten wir nur eine Stunde bis Cagayan. Was sollten wir solange dort machen? Rainer konnte ihn dann doch überreden, etwas später zu fahren. So bekamen wir noch ein schönes Abendessen.

Jetzt war es unwiderruflich soweit, wir mussten uns verabschieden. Lin-Lin fragte, ob wir einmal wiederkämen. Ich sagte, dass ich es nicht wüsste und meinte: vielleicht irgendwann einmal. Wir bedankten uns bei allen, ließen für die Angestellten noch genügend Trinkgeld da, dann ging es los. Die Koffer und der Rucksack wurden auf den Jeep verladen, ein letztes Tschüss und der Jeep fuhr los.

Auf dem Weg nach Cagayan d´Oro wurde mir klar, warum Jürgen so früh losfahren wollte. Er ist nachtblind und schlich jetzt mit fünfzig Stundenkilometern die Straße entlang. Das kann heiter werden. Klar muss man hier vorsichtig fahren, denn die meisten Autos fahren ohne Licht und Fußgänger huschen ständig über die Straße, aber etwas schneller konnte es doch gehen. Demonstrativ sah ich bei Klaus auf die Uhr, das hatte Jürgen wohl verstanden.

Eine halbe Stunde, bevor die Fähre abfahren sollte, kamen wir am Anleger an. Jürgen fragte überall, wo denn unsere Fähre sei, doch niemand wusste eine Antwort. Angeblich würde heute Abend keine Fähre nach Cebu fahren. Wir hatten aber unsere Tickets, da muss es doch auch eine Fähre dazu geben? Es war nichts zu machen. Gott sei Dank hielt sich Esther, Jürgens Frau gerade in der Cagayaner Wohnung auf. Zu der fuhren wir jetzt, damit sie mit uns kommen und uns helfen kann. Sie bekam genauso wie wir zu hören, dass es unsere Fähre nicht gibt. Was sollten wir jetzt tun? Das Flugzeug wartet nicht auf uns.

Am Anleger lag dafür eine andere Fähre, die gleich nach Dumaguete ablegen wollte. Esther verhandelte mit den Leuten der Fährgesellschaft, dann kam sie zu uns und sagte, dass wir mit dieser Fähre mitfahren könnten. Wir hatten aber unsere Tickets für die Fähre nach Cebu und kein Geld mehr, diese neue Fähre zu bezahlen. Esther nahm unsere Tickets zurück und wollte versuchen, sie umzutauschen. Normalerweise dürfte es da kein Problem geben, denn unsere gebuchte Fähre fuhr ja nicht. Dafür bezahlte sie für uns die neuen Tickets und besorgte uns sogar jemanden an Bord, der uns in Dumaguete weiterhilft. Von dort sollte uns eine Supercat, keine Ahnung, was das sein soll, nach Cebu bringen.

Jürgen meinte noch, dass so etwas noch nicht vorgekommen sei. Das war uns kein Trost, zumal ich das nach meinen Erfahrungen auch nicht mehr richtig glauben konnte.

Wir waren echt sauer. Auf der Anreise schon solche Schwierigkeiten und jetzt das gleiche Spiel. Das würde uns eine Lehre sein, nie wieder würden wir auf solche Verbindungen zurückgreifen. In Zukunft wird so weit wie möglich geflogen. In Cagayan gibt es auch einen Flughafen. Wir hatten uns jedoch bei der Reiseplanung für die Fähre entschieden, damit wir vielleicht etwas von der philippinischen Inselwelt sehen. Das war offensichtlich ein Fehler.

Entnervt stiegen wir auf die kleine Fähre. Natürlich hatten wir nur noch Plätze in der untersten Klasse bekommen. Das hieß nackte Pritschen, eine neben der anderen. Die Klimaanlage verwandelte den kleinen Raum in einen Kühlschrank. Wir mussten unsere Freizeitanzüge aus dem Koffer holen, damit uns nicht zu kalt wurde. Dann sah ich erst einmal auf die Karte, wo dieses Dumaguete liegt und bekam einen Schrecken. Diese Fähre brachte uns nicht einmal auf die Insel Cebu, sondern nach Negros. Das wurde immer bunter und wir konnten nur noch auf unseren Helfer hoffen, den wir beim Anleger treffen sollten.

Die Überfahrt dauerte acht Stunden. Gegen 6 Uhr legten wir in Dumaguete an. Wir hatten unsere Koffer zum Ausgang gebracht und warteten nun auf unseren hilfreichen Engel. Tatsächlich kam er dann um die Ecke und bat uns, vom Boot zu gehen. Er begleitete uns zu einem Schaltergebäude in der Nähe, wo wir die Tickets für die Supercat bekommen sollten. Ich fragte, wann denn diese Fähre fahren würde. Erst bekamen wir zur Antwort: jetzt gleich, dann hieß es wieder: heute nicht mehr. Ich wollte aus meiner Haut fahren und machte ihm ganz eindringlich verständlich, dass wir noch bis heute Mittag nach Cebu müssen, weil unser Flugzeug am Abend abhebt.

Irgendwann kam dann aber doch heraus, dass eine Supercat in einer dreiviertel Stunde ablegt und der Ticketschalter gleich öffnen würde, der noch geschlossen war. Ich glaubte erst an das Gesagte, als ich die Tickets in den Händen hielt.

Da kam auch schon ein Kofferträger, der unsere Sachen zum Anleger brachte. Bei dem netten Helfer bedankten wir uns nun, verabschiedeten uns von ihm und folgten dem Kofferträger. Der zeigte, am Anleger angekommen, auf das Wasser. In einiger Entfernung konnten wir ein Schiff kommen sehen.

Supercat-Katamaran

wie ein Flugzeug ausgestattet

Supercat heißt die Fährgesellschaft und sie betreibt Katamarane. Pünktlich legte die Fähre an, die Leute stiegen aus und wieder ein. Als wir diesen Katamaran von innen sahen, kamen wir uns wie in einem Flugzeug vor. Die Ausstattung war die gleiche.

Ebenfalls pünktlich startete die Fähre die Motoren, die sich wie Triebwerke anhörten. Wir legten ab und fast wie im Flug glitten wir über das Wasser. Zuerst wurde, wie im Flugzeug, den Passagieren der Gebrauch der Rettungswesten vorgeführt, dann konnten wir uns etwas zum Frühstück bestellen. Vorerst begnügten wir uns mit einem Kaffee. Nach einer Stunde und zwanzig Minuten legte die Fähre einen kurzen Stopp in Tagbilaran auf Bohol ein, bevor wir nach Cebu weiter "flogen". Die Inseln sehen alle gleich aus, Bohol kam mir sogar ziemlich flach vor.

Nach weiteren eineinhalb Stunden kamen wir am Vormittag in Cebu-City an. Nun hatten wir es doch bis hierher geschafft und das auch noch zur rechten Zeit.

Draußen warteten, wie immer an solchen Punkten, Unmengen von Taxifahrern und Kofferträgern auf ihre Kunden. Eines der vielen Taxis brachte uns zum Internationalen Flughafen. Dort angekommen, wollten wir unsere Koffer abgeben oder wegschließen, damit wir den Nachmittag noch mit einem ausgedehnten Spaziergang ausfüllen konnten, bevor das Einchecken um 18 Uhr beginnt, aber wieder hatten wir uns verrechnet. Es gibt weder eine Gepäckaufbewahrung noch Schließfächer. Das Flughafengebäude besitzt nur einen Eingang, einen Ausgang, zwei Restaurants und ein paar Läden, also sehr überschaubar. Ich fragte einen der Aufpasser, ob wir nicht unsere Koffer bei ihm unterstellen könnten, aber da führte kein Weg hin.

So beschlossen wir, erst einmal zu frühstücken. Eines der Restaurants ist ein japanisches Bistro. Dort nahmen wir Platz und bestellten ein japanisches Frühstück mit Mangoshake. Das Frühstück bestand aus einer Suppe, Reis, etwas Käse, Schinken, Nudelsalat, Krautsalat und Spiegelei. Von jedem gab es zwar nur eine Kostprobe, aber es reichte uns.

Nun fragten wir hier, ob es eine Möglichkeit gäbe, unsere Koffer unterzustellen und wieder hatten wir Pech. Jetzt waren wir wirklich für die nächsten sechs Stunden in diesem Flughafengebäude gefangen, in dem die Zeit wie angestemmt war. Inzwischen fanden sich immer mehr deutsche Touristen ein, die mit unserer Maschine mitfliegen wollten. Ab und zu tranken wir einen Kaffee, die Zeit verging nicht.

Hin und wieder drang von draußen Blasmusik an unser Ohr. Ich ging hin, um zu sehen, was da los war. Da standen ein paar Musikanten in alten spanischen Uniformen und spielten ihre Instrumente mit einem ohrenbetäubenden Lärm. Später gesellte sich eine Tanzgruppe dazu, ebenfalls in alten spanischen Gewändern. Stand hier etwa ein Staatsbesuch an?

Nach einer ganzen Weile spielte die Kapelle einen richtigen Auftakt, jetzt ging wohl die eigentliche Vorstellung los. Da bin ich wieder hin, um nachzusehen. Gerade kamen ein paar Leute aus einer Tür heraus. Einer der Männer trug eine riesige Kette um den Hals, so wie die großen Ketten von Bürgermeistern. Vor ihm war ein Transparent ausgerollt, auf dem stand: Herzlich Willkommen, Mister Allan Kennedy, Präsident von Tubberware. Nun werden also auch die Philippinen mit Tubberware überschwemmt.

81

Ich fragte mich bloß, wer das dort bezahlen soll, da haben doch die wenigsten Leute so viel Geld. Jedenfalls wurde dieser „Präsident" begrüßt wie ein Staatsmann. Die Folkloregruppe gab alles.

Endlich war es so weit, die Tür zu den Check-in-Schaltern wurde geöffnet. Mir waren die Beine von der vielen Sitzerei auf den unbequemen Stühlen schon ganz schwer geworden. Vor der Tür spielte ein blinder Mann Gitarre für die Leute. Ihm gab ich unsere letzten philippinischen Münzen. Dann ging es durch den Detektor und zum Check-in-Schalter, wo wir endlich die Koffer loswurden.

Die Passkontrolle war noch geschlossen. Wir setzten uns und warteten, wobei ich das Geld zählte, das uns noch geblieben war. Ganze 3,30 Euro waren übrig. Ich wollte in dem kleinen Souvenirladen noch etwas Kleines erstehen, aber die hatten Preise...! Also setzten wir unsere letzten Pfennige in Knabbereien um.

Um 19 Uhr begann die Passkontrolle. Wir waren bei den ersten, die abgefertigt wurden, und schon wartete die nächste Überraschung auf uns. Um das Flugzeug besteigen zu können, ist eine Flughafensteuer fällig. Leider hatten wir unser letztes Geld gerade ausgegeben. In unserem Prospekt stand zwar etwas von Flughafensteuer, aber die hatte ich inzwischen vollkommen vergessen. Was sollten wir jetzt machen? Die Leute vom Flughafen kannten kein Pardon, die wollten auf jeden Fall ihr Geld haben, in bar. Mir fiel ein, dass ich noch die Reiseschecks habe. Nur hatte ich nicht damit gerechnet, dass ich sie jetzt noch brauchen würde und habe sie deshalb im Koffer verstaut. Der wiederum war schon auf dem Weg zum Flugzeug.

In der Nähe der Passkontrolle unterhält die Fluggesellschaft Cathay-Pacific ein Büro. Dort gingen wir hin und schilderten unsere Lage. Ja, sie können nichts machen, das Geld müsse her. Ich suchte den Check-in-Schalter auf und sagte, dass ich meinen Koffer unbedingt zurück brauche. Daraufhin schickten sie mir eine Angestellte, die mit mir hinter das Abfertigungsgebäude ging, wo gerade die Koffer verladen wurden. Ich zeigte meine Koffernummer vor und musste feststellen, dass ausgerechnet dieser Koffer ganz unten verstaut war. Der Container war schon über die Hälfte gefüllt. Die Packer schwitzten, die haben keinen leichten Job. Jetzt kam ich daher und wollte, dass sie den Container wieder auspacken. Mir war das sehr peinlich, aber ich konnte doch nichts machen.

Als ich meinen Koffer hatte, öffnete ich ihn und holte meine Reiseschecks heraus. Dann gab ich ihn zurück und wir gingen zurück in die Abfertigungshalle, wo noch immer Klaus wartete. Jetzt begleitete uns ein Boy zum Wechselschalter, wofür wir den Abfertigungsraum verlassen mussten. Am Wechselschalter legten wir nun diese Reiseschecks vor und bekamen zu hören, dass wir sie nicht umgetauscht bekämen, weil sie in der falschen Währung ausgestellt sind. Die nächste Möglichkeit wäre eine Bank gewesen, doch wie immer, wenn irgendetwas dieser Art vorkommt, haben die schon geschlossen.

Der Boy meinte, dass wir noch eine letzte Chance hätten, zu unserem Geld zu kommen. Er begleitete mich zum Casino auf der anderen Straßenseite. Dort versuchte ich noch einmal mein Glück, aber wieder ohne Erfolg. Wenn die Schecks auf Dollar lauten würden, gäbe es keinerlei Probleme, aber so. Jetzt stand ich mit meinen Kenntnissen da. Wir hatten erzählt bekommen, dass es mit unseren Reiseschecks keinerlei Probleme hier unten geben würde. Das stimmt ja auch, solange man eine Bank auftreiben kann, aber in Situationen wir dieser steht man ganz schön dumm da. Eine Kreditkarte besaßen wir nicht.

Der Boy begleitete mich also wieder in das Flughafengebäude und ich suchte mit meinen Schecks noch einmal das Büro von Cathay-Pacific auf, wo inzwischen der Chef eingetroffen war. Der wurde von unserer Lage in Kenntnis gesetzt, aber auch er konnte nicht mit einer Lösung aufwarten. Ich machte den Vorschlag, das Geld von Frankfurt aus an die Gesellschaft zu überweisen, damit sie es an dem Flughafen von Cebu weitergeben können, doch auch da führte kein Weg rein. Der Start des Flugzeugs rückte immer näher, es blieb nur noch eine halbe Stunde Zeit. Klaus und ich waren der Verzweiflung nahe. Klaus ging schon die anderen deutschen Fluggäste fragen, ob uns jemand den Betrag leihen könnte, doch die hatten alle ihr letztes Geld in die Flughafentaxe investiert.

Jetzt gab es nur noch eine Möglichkeit. Das Büro musste einen meiner Schecks annehmen. Sie würden den dann auf einer Bank eingelöst bekommen und mir jetzt das Geld auszahlen. Der Chef ging telefonieren und meinte, dass dies möglich wäre. Er konnte mir aber auf meinen 50er-Scheck nur den Betrag unserer beiden Flughafentaxen herausgeben. So machten wir es dann. Auf

Ticket für die Flughafengebühr

diese Weise zahlten wir zwar knapp die Hälfte drauf, aber wir konnten endlich in das Flugzeug steigen, welches um 19.50 Uhr startete. Es war schon längere Zeit dunkel draußen und wir konnten auf unserem Flug über die Inseln nur ein paar Lichter erkennen. Durch die Zeitverschiebung von sieben Stunden wurde es auf dem ganzen Flug nach Hause nicht hell.

Nach gut zwei Stunden landeten wir in Hongkong zwischen. Beim Anflug über Hongkong bot sich uns ein herrliches Lichtermeer, das immer wieder durch die schwarzen Wasserflächen unterbrochen wurde. Da unten war es fast taghell, die Hochhäuser konnten wir gut ausmachen. Es sah einfach fantastisch aus.

In Hongkong hatten wir gerade so viel Zeit, dass wir das eine Flugzeug verlassen, durch die Kontrolle gehen und das andere Flugzeug besteigen konnten. Damit nahmen wir unsere letzte Etappe in Angriff. Schiefgehen konnte jetzt eigentlich nichts mehr.

Wir saßen noch gar nicht ganz im Flugzeug, als es anfing, kräftig zu gewittern. Das fehlte jetzt auch noch, durch ein Gewitter fliegen. Es kam dann eine Durchsage, die ich nicht verstand. Ich dachte, der Start würde aufgeschoben, bis sich das Gewitter verzogen hätte. Ich hatte falsch gedacht, das Flugzeug startete pünktlich. Auf dem ganzen Weg durch Asien kam es immer wieder zu Turbulenzen. Ständig wurden wir gebeten, uns anzuschnallen.

Meine Beine waren jetzt so sehr geschwollen, dass ich sie kaum noch bewegen konnte. Vielleicht würde etwas Bewegung helfen, doch auf diesen Stühlen konnte man sich nach keiner Richtung bewegen. Sie glichen einem Ganzkörperkorsett.

Während des Fluges bekamen wir zu essen und zu trinken, dazwischen vertrieben wir uns die Zeit bei einem Film oder spielten Bildschirmspiele. Trotzdem meine Beine schmerzten, schlief ich doch irgendwann etwas ein.

Zwei Stunden vor der Landung wurde ein Frühstück gereicht, dann kam Frankfurt in Sicht. Kurz nach 6 Uhr landeten wir wohlbehalten, aber reichlich mitgenommen. Meine Beine, vor allem die Fußgelenke, waren so sehr angeschwollen, dass ich unmöglich in meine Schuhe passte. Ich musste das Flugzeug barfuß verlassen. In der Abfertigungshalle holte ich meine Badelatschen aus dem Koffer, um diese anzuziehen. Das war besser. Ich kam mir vor, als hätte ich Fußgelenke wie ein Elefant. Das war mir noch nie passiert, aber wir waren bisher auch noch nie so lange unterwegs.

Nachdem wir die Koffer vom Band geholt hatten, erledigten wir die Formalitäten und trafen uns wie abgesprochen, mit Klaus´ Schwester. Zusammen fuhren wir nach Hause, wo uns herrlichstes Frühlingswetter erwartete. Die Sonne schien und die Frühlingsblumen waren erwacht, aber schon zum Mittag schlug das Wetter um und änderte sich eine Woche lang nicht mehr.

Diesmal litt ich sehr unter dem Jetlag. In den ersten drei Tagen zu Hause war mit mir überhaupt nichts anzufangen. Früh konnte ich nicht mehr schlafen, dafür hätte ich zwei Stunden nach dem Aufstehen wieder ins Bett gehen können. Spätestens um 20 Uhr war ich dann verschwunden. Ich konnte mich nicht einmal dazu aufraffen, die Koffer auszupacken. Nur die allernötigsten Dinge wurden erledigt, wie zum Beispiel Essen machen. Nach zwei Wochen endlich hatte ich zu meinem gewohnten Lebensstil zurück gefunden.

Alles in allem war dieser Urlaub, von der An- und Abreise abgesehen, doch sehr schön. Den schon erwähnten Kulturschock hatten wir nach vierzehn Tagen überwunden. Nach dieser doch relativ langen Zeit konnten wir endlich den einfachen, sehr armen Lebensstil der Philippinos akzeptieren. Trotz dieser Lebensverhältnisse sind die Menschen dort sehr aufgeschlossen, freundlich und lebensfroh. Fremden gegenüber zeigen sie eine große Neugier. Man braucht nur auf sie zuzugehen und sogleich wird man in ihrer Mitte aufgenommen. Man fühlt sich wirklich willkommen.

An die Art, von einem Ort zum anderen zu gelangen, gewöhnt man sich leicht, wenn man keine Ansprüche stellt. Irgendeinen fahrbaren Untersatz findet man immer und die Fahrpreise sind für unsere Verhältnisse äußerst günstig.

Die Hütten, in denen diese Menschen leben, sind nur lose zusammengezimmert. Sie sehen zwar sehr elend aus, sind doch aber in diesen Breiten das idealste Dach über dem Kopf. Durch die relativ hohe Luftfeuchtigkeit muss immer ein leichtes Lüftchen im Inneren der Behausungen herrschen. So läuft man nicht Gefahr, dass das Haus von innen heraus vermodert. Unsere Hütte hatte nur Holzgitter und Gaze in den Fensteröffnungen, so dass der Wind ständig die feuchte Luft heraustragen konnte. Trotzdem war es zum Teil ziemlich muffig in den Zimmern, vor allem, wenn es regnete. Nur ein wetterfestes Dach ist wichtig, die Wände übernahmen gerade die Funktion des Sichtschutzes.

Zwar werden auf den Philippinen mehr und mehr massive Häuser gebaut, mit richtigen Fensterscheiben darin, aber damit vergrößert sich das Problem der Feuchtigkeit nur um ein Vielfaches. Jürgen und Rainer, unsere beiden Gastgeber, haben sich auch massive Häuser gebaut. Sie mussten jedoch feststellen, dass sie der Feuchtigkeit in den Räumen nicht Herr werden, wenn nicht ständig Durchzug herrscht. Die Ledercouch von Jürgen war da sehr fehl am Platz. Alle zwei Wochen musste er sie einfetten. Darauf liegen lassen konnte er nichts, das gab sofort Stockflecken. Die Holzmöbel wollen ebenfalls sehr geschützt werden, denn Feuchtigkeit und Ungeziefer setzen ihnen sehr zu. Ja, und Tapeten an den Wänden oder die Vertäfelungen, die sind eine Todsünde. Schon deshalb muss man sich auf das Notwendigste beschränken. Je mehr man hat, umso mehr geht kaputt.

Und noch einen Unterschied konnte ich feststellen. Wenn man in einem solchen philippinischen Dorf wohnt, wie wir es getan haben, dann hat man ständig das wahre Leben um sich. Die Philippinos sind ein sehr redseliges und fröhliches Volk, da geht es hier und da schon ganz schön lautstark zu. Ständig ist man von einer Geräuschkulisse umgeben, zu der genauso die vielen Haustiere beitragen. Als wir wieder zu Hause waren, war es viel zu still um uns herum. Wir wohnen hinter stabilen, kalten Wänden und haben keinen Bezug mehr zur Außenwelt. Dort, im Urlaub, lebten wir von und mit der Natur. Ich brauchte lange, um mich wieder an unser zu Hause zu gewöhnen.

Die Taucherei, die war ein Erlebnis. Unter Wasser hatten wir das Paradies gefunden, auch wenn es hier und da angegriffen ist. Das Land unternimmt jedoch viel, damit sich das wieder ändert. Davon konnten wir uns überzeugen. Die Unterwasserwelt sprudelt geradezu über vor Leben - Korallen, Schwämme, Fische, Muscheln und Schnecken ohne Ende. Ständig haben wir etwas Neues entdeckt. Dabei haben wir auch vieles gesehen, was sich sonst nicht so leicht zeigt. Wie beim Pilze suchen im Wald muss man seine Augen auf die Umgebung einstellen. Oft half uns nur ein Zufall, seltene Fische zu entdecken. Trotzdem hatten wir beide insgeheim gehofft, doch irgendwo auf einen Großfisch zu treffen, wie vielleicht einen Manta, einen Hai oder sogar einen Walhai. Es gibt sie in den philippinischen Gewässern, nur viel zu selten.

Wenn es nicht noch so vieles auf dieser Erde für uns zu entdecken gäbe und der Weg nicht so weit wäre, würden wir wahrscheinlich bald wieder auf den Philippinen Urlaub machen. Vielleicht klappt es doch irgendwann einmal, das wäre schön.

PS: Die Windpocken ließen uns in Ruhe.

Wenn Ihnen unser Reisebericht von den Philippinen gefallen hat, würde es uns freuen, wenn Sie eine Bewertung (Rezension) in dem Shop hinterlassen würden, in dem Sie das Buch/ebook gekauft haben, oder vielleicht auf unserer Homepage. Vielen Dank schon einmal im Voraus.

Besuchen Sie uns gerne unter www.akweltenbummler.com.